玩转微信赚大钱

张文◎编著

中华工商联合出版社

图书在版编目(CIP)数据

玩转微信赚大钱 / 张文著. -- 北京 : 中华工商联合出版社，2014.9

ISBN 978-7-5158-1007-2

Ⅰ.①玩… Ⅱ.①张… Ⅲ.①网络营销 Ⅳ.①F713.36

中国版本图书馆CIP数据核字（2014）第165058号

玩转微信赚大钱

作　　者：张　文
出 品 人：徐　潜
特约策划：金　岩
责任编辑：胡小英　邵桄炜
封面设计：周　源
责任审读：郭敬梅
责任印制：迈致红
出版发行：中华工商联合出版社有限责任公司
印　　刷：三河市宏盛印务有限公司
版　　次：2014年9月第1版
印　　次：2014年9月第1次印刷
开　　本：710mm×1020mm　1/16
字　　数：260千字
印　　张：16.75
书　　号：ISBN 978-7-5158-1007-2
定　　价：39.00元

服务热线：010-58301130
销售热线：010-58302813
地址邮编：北京市西城区西环广场A座
19-20层，100044
http://www.chgslcbs.cn
E-mail: cicap1202@sina.com(营销中心)
E-mail: gslzbs@sina.com(总编室)

前言 PREFACE

信息时代，生活中的高科技日新月异。网络不仅成为我们生活中的技术工具，更成为现代人的生活方式。

互联时代，人们的社交方式发生了巨大变化，人们通过互联网建立起一个个密集的网络社区。我们在网络上完成商品交易，在网络上投发简历，在网络上预订酒店机票，在网络上完成移动办公等，网络以前所未有的姿态占据着人们的日常生活。

如今，无论是公交地铁还是人行道上，都能看到一些年轻人手里拿着手机，或自言自语或笑脸盈盈。复合了手机终端和移动互联的微信，一经推出就得到了大众的广泛追捧。人们通过微信可以实现实时通讯，更可同时在微信平台上实现图片发送，甚至即时视频互动。远在千里之外的亲人可以通过微信无障碍沟通交流。微信给我们带来了社交生活的极大便利，加强了朋友之间的沟通和交流。

超过3亿的微信用户在移动终端上形成了巨大的声浪。如果你认为微信平台只是简单替代短信的信息发送功能，那就大错特错了。在智能化社会中，微信已经成为我们日常生活中必不可少的伴侣。在微信平台上，企业可以为自己的品牌营造良好的口碑，微信上的互动活动可以缩短消费者和企业之间的距离。微信平台更适合营销中的精耕细作，深入挖掘企业和消费者内在需求的一致性。

很多企业在微信营销之前，已经经历了社区营销、网页营销、IM（即时通信）营销、微博营销等。不同平台具有不同的信息传播任务，各个平台之间的信息传播并不相互矛盾，也不是说企业做完一个平台就可以高枕无忧了。只有持续维护各个平台，并且发布与其相符的信息，才能达成一个有效传播的过程。

微信打通了网络端口和移动终端，建立了相对封闭的信息传播中心，以朋友圈为核心的熟人社区在微信中得到了很好的经营。微信被《纽约时报》评价为“正积极尝试扭转中国本土互联网产品无法推向世界的命运”。微信不仅在国内受到了普遍的关注，同时在海外市场也有很好的推广情况。正如一千个人眼中有一个千个哈姆雷特，对于消费者和企业来说，微信是什么不重要，重要的是我们用微信做什么。下面，就请跟随我开始微信探秘之旅吧。

目录 CONTENTS

第一章　走进智能化社会，微信是必不可少的伴侣

一秒钟微言送听——微信，是一种生活方式　/ 002

美丽说，说出时尚美丽　/ 003

美食微信目不暇接　/ 004

如家酒店商旅更方便　/ 005

高峰约车就用微信出租车　/ 005

女人圈里那些事——微信让女人爱恨难舍　/ 007

Sample A：群聊拉近闺蜜距离　/ 007

Sample B：天涯若比邻　/ 008

Sample C：群聊信息泛滥惹麻烦　/ 008

微信互联网——让家庭走进智能化　/ 010

Sample A：智能微信保健康　/ 010

Sample B：微盒实现物联网　/ 011

微信互动——产生情侣大联盟　/ 013

Sample A：同城居住对对碰　/ 013

Sample B：一见钟情巧相逢　/ 014

微信互动百科——一个神奇的趣味宝藏　/ 017

Sample A：经典阅读的微信传播　/ 017

Sample B：好奇就戳我　/ 018

微信支付——你身边的“微银行” / 020

Sample A：微信支付方便多 / 020

Sample B：第一家微信银行 / 021

第二章 微信营销一出，传统营销方式都OUT了

企业网站营销：适合网站营销的企业太有限 / 026

Sample A：相宜本草，微信也本草 / 026

Sample B：汤臣倍健，健康好互动 / 027

微博营销：只注重传播，不注重互动 / 030

SampleA：康师傅老坛更爽 / 031

SampleB：芝柏表有奖竞猜 / 031

短信营销：只是“扫大街”却不精准 / 034

Sample A：力宏微信征服歌迷 / 035

Sample B：星巴克信息巧落地 / 035

搜索引擎营销：只是依附却并不显眼 / 039

Sample A：乐蜂网——Life Beautful / 039

Sample B：驴妈妈旅游一键关注 / 040

门户广告营销：成本高且属于单边信息传播 / 043

Sample A：百度，今天你“知道”了吗？ / 044

Sample B：新浪微信也门户 / 044

视频营销：对题材策划能力的要求高且有不可控性 / 048

Sample A：优酷微信的定制型服务 / 049

Sample B：爱奇艺“悦享”微信 / 050

病毒营销：只是单一的口碑传播 / 052

Sample A：康佳电视：微信会员享实惠 / 053

Sample B：联想服务对准微信 / 053

电子邮件营销：应用条件有限制　/ 056
Sample A：肯德基三人篮球赛　/ 056
Sample B：可口可乐轻松一刻　/ 057
博客营销：需要有足够的粉丝才能达到传播效果　/ 060
Sample A：啤酒节的时时互动　/ 060
Sample B：统一奶茶遇见好心情　/ 061

第三章　玩转微信功能，让营销变得快捷又有效

微信签名：让简单的签名栏变成移动的“黄金广告位”　/ 066
Sample A：白菜价玩转东南亚　/ 066
Sample B：最IN的时尚分享　/ 066
Sample B：阿牛与仙草的圣诞时光　/ 070
“漂流瓶”营销：帮助商家推广营销广告　/ 074
Sample A：“漂流瓶”也能献爱心　/ 074
Sample B：都市大冒险　/ 075
微信支付：比支付宝、拉卡拉更快捷　/ 077
Sample A：麦当劳会员特权　/ 077
Sample B：兴业银行温馨服务　/ 078
微信扫一扫：借助微信公众账号，和消费者互动　/ 081
Sample A：优衣库扫出缤纷好礼　/ 081
Sample B：宝马车扫出优惠　/ 082
微信摇一摇：商业机遇就在“附近”　/ 084
Sample A：碧桂园微信现场抽奖　/ 084
Sample B：米兰贝贝微友团定期抽奖　/ 085
朋友圈：消费者在朋友圈中扩散消费信息的利器　/ 087
Sample A：太原车展微信抽门票　/ 088

Sample B：PPS游戏送元宝 / 088
语音、图片：帮你打一场漂亮的视听战 / 092
Sample A：“壹读”君知识很渊博 / 092
Sample B：罗辑思维教你思维 / 093

第四章 掌握微信营销九大军规，为营销保驾护航

军规一：做好定位，找准你的运营模式 / 098
Sample A：全聚德微信导航 / 098
Sample B：必胜客玩起植物僵尸大战 / 099
军规二：申请认证，把特权攥在你手中 / 102
Sample A：农业银行信用卡贴心服务 / 103
Sample B：中国联通微信查询 / 103
军规三：内容要丰富，才能吸引到客户 / 106
Sample A：南方周末的专题微信 / 107
Sample B：湖南卫视微信人气高 / 107
军规四：不要“僵尸粉”，只要真实粉 / 110
Sample A：报喜鸟接力热点 / 111
Sample B：劲霸男装信息巧推送 / 111
军规五：策划活动要有心意，促成与粉丝的互动 / 114
Sample A：途牛旅游，快乐旅游 / 115
Sample B：85度C微信也温柔 / 116
军规六：推广要动脑，吸引目标客户群 / 118
Sample A：Nike运动微信 / 119
Sample B：李宁微信商城 / 120
军规七：运营要有计划，做到有的放矢 / 122
Sample A：好丽友，公益够朋友 / 122

Sample B：乐视微信，视频也精彩 / 123

军规八：客服要引导，让客户信服 / 125

Sample A：你说要去哪儿就去哪 / 126

Sample B：南方航空值机服务 / 126

军规九：从维护粉丝的角度出发 / 129

Sample A：美加净与24节气 / 130

Sample B：携程太美，旅途真美 / 130

第五章　坚守微信公众平台原则，让营销事半功倍

原则一：想宣传自己的品牌，得“软” / 136

Sample A：亚马逊，微信也能秒杀 / 136

Sample B：人人网继续搞怪路线 / 137

原则二：有针对性地加粉，绝不买粉 / 140

Sample A：糗糗的微信百科 / 140

Sample B：来，和涯叔聊聊 / 141

原则三：操作尽量简便 / 143

Sample A：我买网微信的傻瓜式操作 / 144

Sample B：智联时刻招聘分享 / 145

原则四：让员工参与微信 / 147

Sample A：小米手机的惊天团队 / 147

Sample B：1号店线上高度整合 / 148

原则五：营销味不要太浓 / 150

Sample A：凯迪拉克的“66号公路” / 150

Sample B：“回家是福”金六福 / 151

原则六：把握好内容的发送频次 / 154

Sample A：二手店也可以在微信平台上火起来 / 154

原则七：灵活利用与其他工具的匹配使用　/ 158

Sample A：炭烧咖啡馆的表白日　/ 158

原则八：多搞有奖竞猜　/ 161

Sample A：海南航空为粉丝赢取机票　/ 161

Sample B：在KTV里收到圣诞老人的礼物　/ 162

原则九：解答用户的问题一定要及时　/ 165

Sample A：问什么就有什么的教育培训机构　/ 165

原则十：尽量不要在发送内容里发链接　/ 168

Sample A：无需下载，百款游戏任你玩　/ 168

第六章　微信营销十大技巧，助你的营销脱颖而出

技巧一：主打官方大号，小号助推加粉　/ 174

Sample A：纳美客栈，真的有那么美！　/ 174

Sample B：罗曼卡工作室——加粉可以不太明显　/ 175

技巧二：打造品牌公众帐号　/ 178

Sample A：星巴克　/ 178

Sample B：看猴子杂货铺如何打造品牌公众号　/ 179

技巧三：实体店面同步营销　/ 182

SampleA：童装店线上线下折扣统一起来　/ 182

技巧四：以活动的方式吸引目标消费者参与　/ 185

Sample A：看图“呷”猜，赢大奖——呷哺呷哺火锅店　/ 185

技巧五：借助传媒力量，打开推广渠道　/ 188

Sample A：半导体和电视机里的微信广告　/ 188

Sample B：坐在高铁上微信　/ 189

技巧六：依靠微博大号推广　/ 192

Sample A：“点子总动员”和“全球创意”　/ 192

技巧七：热门微信号，沾着热气打广告 / 195

Sample A：傍上“音乐台”的微品汇 / 195

技巧八：运用线上、线下多渠道推广 / 198

Sample A：八方连锁酒店微信推广之线上篇 / 198

Sample B：八方连锁酒店微信推广之线下篇 / 199

技巧九：善于“以号养号” / 202

Sample A：微信看“娱乐圈那点事” / 202

技巧十：利用微信会员卡，虏获粉丝心 / 205

Sample A：化妆品的微信会员卡始于聚美优品 / 205

第七章 这样评估微信营销效果，让营销不再盲目

观一观与客户互动是否频繁 / 210

Sample A：个性独特的卡特罗酒庄 / 210

测一测粉丝对于企业的依赖程度 / 213

Sample A：会关心您、给您唱歌的“小飘” / 213

查一查微信功能的受欢迎程度 / 216

Sample A：飘来文艺之风的服装店 / 216

数一数你的粉丝数量 / 218

Sample A：孕妇装“告诉你很多秘密” / 219

看一看粉丝对企业的评价 / 221

Sample A：艺龙旅行网 / 221

算一算企业转换率 / 223

Sample A：“国先森”双十一“脱光攻略” / 224

第八章 各行各业中的微信营销成功典范

餐饮业：一大波僵尸来袭，必胜客欢乐时光 / 228

Sample A：去必胜客，边打僵尸边赢取福利 / 228

金融业：招商银行信用卡“微服务”领跑 / 231

Sample A：多功能的招商微信银行 / 231

互联网行业：爱范儿带来的爆炸式微信传播 / 234

Sample A：话题符合各种口味儿的爱范儿 / 234

电商业：1号店幽默互动，亲情奉献 / 237

Sample A：风趣爱搞怪的1号店 / 237

传媒业：《外滩画报》时尚资讯抢先看 / 240

Sample A：高端大气上档次的《外滩画报》 / 240

酒店：布丁酒店联手微信跨界合作，首推订房功能 / 244

Sample A：酒店中的时尚一族——布丁酒店 / 244

制造业：凯迪拉克车型随身带 / 248

Sample A：凯迪拉克——让你手动之中体验豪车魅力 / 248

本地服务业：将传统营销和微信营销相结合 / 251

Sample A：一家美发店微信的成功计划书 / 251

CHAPTER ONE

第一章 <<

走进智能化社会，微信是必不可少的伴侣

在智能化社会，微信是我们生活中必不可少的伴侣。微信不仅代表便捷的互联网通讯工具，更预示着人们生活方式的改变。千里之外的亲友可以通过微信同步传音，地缘之间的边际变得更加模糊。微信改变人们的社交方式，人们通过移动终端，将线上联系带到现实生活中。微信改变人们的家居习惯，通过微信远程操作，智能生活向我们又靠近了一步。科技的发展让我们的生活变得更加便捷起来。衣食住行、交友约会、网银支付，微信的发展完善正是互联网生活日益发展的一个缩影。学会利用好网络，不仅是企业，更是每一个现代人必须掌握的基本技能。

一秒钟微言送听——微信，是一种生活方式

打开电脑刷微博，打开手机刷微信，很多人在一天的生活中可能会多次重复这样的动作。互联时代缩短了人与人之间的距离，实现了信息的高速更新，大多数人已经成为了互联网的“重度依赖患者”。走进智能化社会，微信成为必不可少的伴侣。微信的出现，不仅为人们的生活带来了便利，也让企业从中嗅到了新商机。

超过三亿人的公共平台和每天高度活跃地参与度，让微信成为商家眼中的又一块“肥肉”。之所以说“又”，是因为在微博鼎盛时期，大批企业将精力过多地投入到微博之上，微博的社会化效应被一度神话。而如今微博“只叫好，不叫座”的运营模式也让不少生意人打起了“退堂鼓”。微信是后社会化媒体时代的产物，后社会化媒体更专注于个人，更专注于个人圈子的网络。而其私密性与圈落性就决定了比微博更具有持续的商业价值。微信在自我定位时，就强调自身是一种生活方式。

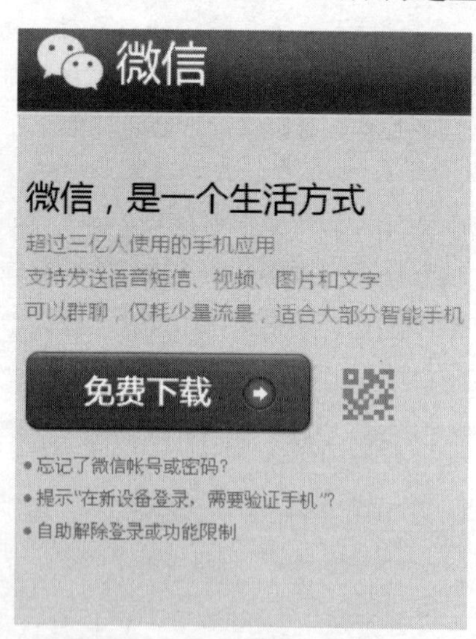

微信是超过三亿人的生活方式

微信是一种生活方式，一旦被消费者关注，商家就能通过它实行信息推送，进而拓展营销渠道。通过微信，消

费者可以轻而易举地获得信息，迅速网罗各种分类资讯。下面我们就从衣食住行的几方面盘点下已经成熟运营的几个企业公众账号。

美丽说，说出时尚美丽

2012年，美丽说成为微信开放平台的首批合作伙伴。通过美丽说的微信平台，爱美的女性可以了解最新的服饰搭配、同行的美容方式，通过美丽说的微信平台，女性可以直接进行购物，实现一站式的生活体验。其官方微信延续了美丽说一贯图片先行的方式，通过精选图片吸人眼球，配以文字描述，给人提供良好的阅读体验。美丽说采取每日推送的形式，方便用户的阅读。在使用上十分简单、便捷，用户完全省去了通过回复信息进行下一键操作的过程，采用近乎“傻瓜式”的简单操作，完成每日的阅读欣赏。每日推送的两则信息中，一则作为科普类知识传播，另一类则是美丽说活动推送。下图中的当期活动就是通过参加随手拍，赢得福袋大礼的活动。

用户通过“美丽说”获取最新流行情报

美食微信目不暇接

在微信平台搜索“美食”，众多与美食相关的账号纷纷出现在人们眼帘。针对人们时刻想要享有美味的期望，必胜客推出与餐厅同名的欢乐时光公众账号。关注“必胜客欢乐时光”微信，就可以随时了解最新菜品和价格。在最新活动板块，用户可以参与“猜新品赢尝鲜券”、秋季新品、欢乐居酒屋和优惠攻略等内容。“美味菜单”中有对于早餐、午餐、下午茶以及新品的介绍。在“最美餐厅”中，用户可以任意选择北京、广州、三亚、丽江、福州等多地的必胜客餐厅，领略不同地区的地域风情。对于“吃货”来说，在“必胜客欢乐时光”的微信平台走一遭，不仅是一场大快朵颐的饕餮之旅，同时也是赏心悦目的风景之行。

众多美食微信目不暇接

如家酒店商旅更方便

电话预定酒店，总台电话总是忙？不在电脑旁，无法实现网络预定？不如打开手机的网络设置，链接微信平台，一个动作轻松完成酒店预定。以快捷商务酒店著称的如家，就已开通其微信平台为消费者办理酒店预定、优惠券下载等主体功能。如家微信平台偏重于实用型功能，通过电子地图，用户可以最快地找到附近的如家酒店。查询酒店入住、早餐、叫早服务，这些常规项目更是方便快捷。通过积分查询，可以即时享受积分兑换业务。用户还可通过热门活动的参与，赢取更多的优惠活动。

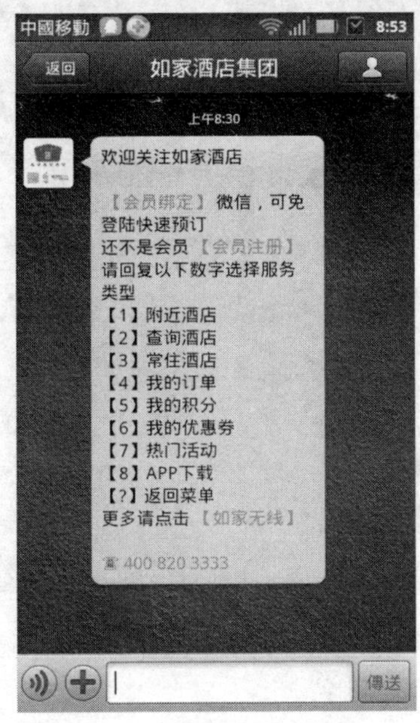

如家酒店微信平台可实现在线酒店预约与查询

高峰约车就用微信出租车

高峰时间，车辆出行成了困扰城市上班族的头号问题。上海、杭州、成都等城市率先推出了“微信出租车队”。乘客坐上他们的出租车，可以免费给手机充电、免费接入WiFi；打他们的车，不仅可以随手招，还可以通过微信预约，车费直接用手机支付宝付款。以微信为平台，实现了司机与乘客的线上互动，达到了真正的双赢。乘客使用微信预订，还能大大节省司机在路上空载的时间。而司机使用微信作为征订平台，则极大地提高了效率，减少了在马路上漫无目标寻找乘客的盲目性。据参加微信出租群的杭州的哥介绍，通过微信群的联络，平均提升了20%左右的业务，有一些的哥甚至提升了50%的业务。

微信实时叫车，消除高峰期打车烦恼

女人圈里那些事——微信让女人爱恨难舍

微信的出现，大大满足了爱煲电话粥的女人们。相对于传统的电话通讯，微信采用互联网传输信息，只消耗上网流量，而不扣除通讯费。这使得微信成为女人聊天的神器，女人们都高呼“再也不用担心我的电话费”了。约上三五好友出门聚餐，约上闺蜜逛街聊天，与老公、男友约会，微信也都成为必不可少的工具。

Sample A：群聊拉近闺蜜距离

毕业工作一年的刘小姐，只身离开家乡到南方工作。为了联络朋友之间的感情，刘小姐将十几个闺蜜同时拉入了自己建的微信群。刘小姐深深感慨：“都说三个女人一台戏。几个女人大概就可以拍电影了吧。微信群每天让手机震动不止，一天不打开微信群，第二天就能收到近600条的信息。”朋友们在微信群里无话不聊，而且语音聊天比其他方式来得更直接过瘾。“大家在群里嘻嘻哈哈，独在异乡的孤寂感很快就消失了。仿佛又回到了大学时光，每天聊到深夜，好像是同宿舍晚间的卧谈会。”

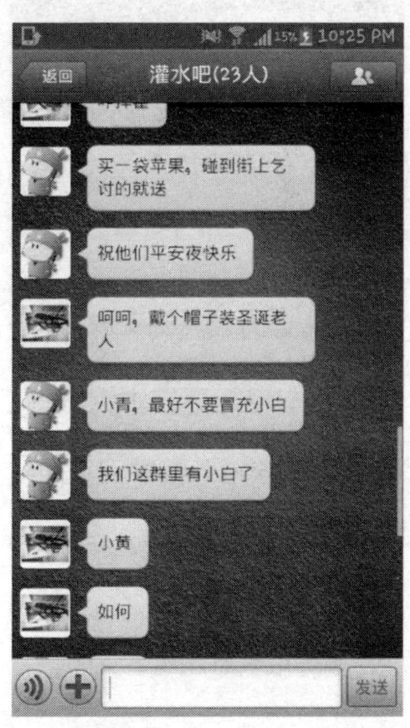

微信群消除朋友间的距离

Sample B：天涯若比邻

张妈妈的女儿从广州到美国留学，临走之间建立了家庭微信群，教会了爸爸妈妈甚至爷爷奶奶如何使用。“孩子不仅会和我语音通话，而且还会给我发送美国的风景图片。我能及时了解她的生活和学习情况，感觉她好像还在我身边一样。”中秋节快到了，张妈妈打算在中秋家庭聚餐的时候和女儿视频通话。“也让女儿和我们同步过节，感受下中国传统节日的氛围，这样她在那边也不会太想家。”以前出国时，巨额的漫游费用让家人之间的通话都成了奢侈品。如今，越来越多的人用微信替代了昂贵的长途电话，增加了家人朋友之间的互动，费用却减少了。

Sample C：群聊信息泛滥惹麻烦

微信成信息泛滥重灾区

“上班的时候，一天都会开着微信。时不时地传来手机震动的声音，常常震到手机没电。有时候更是震到手机直接死机。”张小姐作为微信的忠实用户，经常遇到智能手机电量无法支撑频繁的微信消息，或是过于频繁的信息一度导致手机程序崩溃。在使用微信时候，一些群实在过于频繁的信息，让一些人萌生了退群的想法。

案例解析

2013年年中，闹得沸沸扬扬的微信收费事件一方面说明了微信的普及程度，另一方面也表明微信作为一种移动社交媒体，给传统的通讯运营商带来了冲击和挑战。随着微信用户的日益壮大，一对一点对点的微信互动，显然不能满足人们社交的需求。于是，微信群应运而生，在微信群中人们畅所欲言，很多天南海北的朋友都仿佛近在咫尺。

但过于频繁的信息往往让人们受到信息轰炸的困扰却又无法逃离。微信群里的朋友大多关系密切，即使想退也会羞于面子难堪而维持现状。除了建立微信群，女人们还喜欢在微信的朋友圈里发布自己的新鲜事。因为在微信群建立的是熟人关系，所以发布信息更有安全感。

实战建议

微信在给人们带来方便的同时，随之而来的也有高科技带来的烦恼。然而，微信培养起的庞大的用户和其不可动摇的忠诚度，也让企业用户看到了无限的发展潜力。所有的新事物在诞生之初，机遇和挑战总是并生并存的。

1. 结合女性特殊心理机制

对于商家来说，首要注意的是，女性群体在消费行为中具有自己独特的行为特征，在进行微信传播的时候，可以结合其群体的特殊性进行相应的信息投放。例如，要清楚定位产品的主要消费者是否针对女性群体，男装、男性快消品、商务车型等主要针对男性消费者的产品应该与产品本身保持一致，不适合过分对女性消费群体强调。

2. 图文并茂，吸引眼球

其次，针对女性消费心理，微信的整体风格要偏于感性。在图片风格上也应该尽量选取暖色系，读图时代，图片的视觉信息会第一时间抢占消费者眼球，因此在图片的选择上要切合女性消费者的消费需求。

3. 贴近女性视角

在微信圈话题的选择上，要尽量贴近女性的关注视角，沟通方式也要具有亲和力，同时要选择易于分享的话题。相比而言，女性比男性更乐于分享信息，购物体验更是女性日常话题中的重要内容。因此，要充分利用微信平台，发掘话题的可分享性，提升产品信息的二次传播率。

微信互联网——让家庭走进智能化

随着科技水平的不断提高，人们对互联网技术的期待越来越高。人们的生活也越来越离不开互联网。微信不仅改变了以往生活中的人工操作，更让家庭走进智能化时代。

如果你对微信的应用还仅仅停留在收发信息和语音聊天，那么你就真的是out了。微信不仅是情感沟通的工具，同时作为家庭智能化伴侣，也在人们的日常生活中发挥了重要的作用。微信作为当下最有价值的移动互联产品，确实为人们解决了生活中的实际问题。其主要的信息查询和互动功能，在带给人们娱乐功能之外，更减少了人们因信息获取不足带来的麻烦。

Sample A：智能微信保健康

保卫身体健康，远离疾病侵袭，是人们日常生活关心的重要话题。一旦身体亮起了红灯，到处寻医问药就成了一件麻烦事。如何有效地为家人购买药品，挑选质量保真、价格优惠的药物，是困扰很多人的难题。药房网商城基于此，开拓了微信便民查询功能。通过药品批文号或名称输入，就可以获取药品的相关信息。作为第三方的药品销售平台，消费者利用药房网微信平台进行价格查询，在提供信息类服务的同时，也提高了自身知名度，在最大程度上提升了激活潜在消费者的可能性。“随时随地查询药品，随时随地了解药价，随时随地关注健康”，也是其建立公众账号的初衷。

关注微信可获得实时健康知识和药品信息查询

Sample B：微盒实现物联网

泰捷Webox，被人们称为“微盒”。除了方便操作的查询功能外，泰捷Webox微信联网家庭设备，实现以物联网。目前泰捷Webox主打微信家庭影院功能，借力微信，通过手机、PC端、Pad等载体，用更简便的方式，让家庭成员通过多元渠道相互沟通。泰捷Webox与微信深度合作，通过微信可以绑定相

微信家庭影院全面上线

册、追剧、搜索等多个平台内容。通过扫描微盒上的二维码即可绑定上述内容，通过对话框将图片等信息发送到微盒，从而在电视终端上进行分享。

案例分析

微信从出现之日起，就立足于以为人们提供智能化生活服务为目标。而微信生活助手正是基于解决人们日常生活所需而建立的便民平台。微信生活助手为用户提供本地信息查询，用户可以通过该平台查询包括房产、家装、婚庆、家政、保洁、维修、便民、回收、劳务、车辆、配送、商务、财税等十几类的信息服务。通过微信生活助手，用户还可以查询公共服务机构、企业的公众账号。

与以往电话查询不同的是，微信生活助手显示的信息更为全面，包括官方微信号、官方微博、主要服务、电话、地址等诸多内容。微信生活助手不仅能提供更为全面、官方的信息，还能实现在线互动。当用户不方便输入对方微信账号时，还能将自己的微信号和查询信息转发给微信生活助手，让公众平台主动回复用户的需求。微信生活助手的功能其实更像是一个咨询总台，它所对应的服务更加细致周到，更为省事、高效。

实战建议

互联网横空出世，微信大行其道。家居生活从互联网进入到物联网确实是大势所趋。未来通过微信连接家居生活，实现智能化操作是备受业内人士关注的发展趋势。各大家电制造商都十分看好将家电与微信结合的商机。家居生活的智能化打造借力微信平台，力求实现智能化的颠覆式体验。

1. 开启微信概念化

在现今技术条件的支撑下，已经可以实现“下端微信控制，中端微盒链接，上端家电执行”的闭环结构。想象一下，在炎炎夏日里一天的奔波后，你口渴难耐，想启动家里的饮水机，等回家后想第一时间享受冰水的爽口。于是你打开微信启动智能开关，简单地完成了启动饮水机这一远程操作。其实不仅是厨房，整个家居生活都可能实现微信平台的一键操作。

2. 营销路归何处

微信概念被炒得火热，一方面，家电厂商应多关注技术的动态变化，积极投身到新模式的开发中。另一方面，其他的相关企业也应找机会介入到全新的营销模式中。如果将来的某一天，子女无法在身边照料父母，则可以通过远程家庭健康设备来查看父母的健康情况。而相应的保健品和药物产品制造商也可以适时地推送自己品牌的相关信息，按需定制，减少对消费者的干扰，找到适宜未来的营销方式。

微信互动——产生情侣大联盟

20世纪90年代末，QQ作为社交工具，初出茅庐便成为当时最热门的交友工具。“明天十点，我们在人民广场见面，我左手拿一支玫瑰，右手拿一本《青年文摘》。”与电脑另一端的网友见面，是当时最浪漫流行的一件事。如今随着高科技及互联网的飞速发展，中国网民的数量迅速扩大，其社交方式也发生了变化。人们的社交平台不再局限在QQ中，博客、论坛、微博、微信等社交方式占据了网民的社交生活。

Sample A：同城居住对对碰

阿联与小轩是一个青年社区的两个住户，两个人的相遇充满了传奇色彩。两个人都是城市里的新移民，凭着自己的努力在城市中刚刚购置了小户型。两人平时的生活都很忙碌，经常是节假日也要加班，三更半夜回到家，微信就成了身边最好的伴侣。一天，加班回来的小轩正在家中享受着迟来的晚餐，闲来无事打开了微信，在“附近的人”查找中，竟发现了一个“紫园52号楼”的公众账号。这正是小轩所在的楼，出于好奇心，小轩成为其好友。这个邻里间的群组确实给大家带来了方便。平时疏于交往的邻居在这里相互熟络起来，加强了彼此间的往来。小轩正是在这里结识了阿联，通过微信聊天，两人发现彼此的兴趣爱好也很相近，经过几次接触慢慢互生好感。最终两人的关系从微信发展到现实中，成为了现实生活中的一对爱侣。

微信查找你身边的“有缘人”

Sample B：一见钟情巧相逢

说起刘芳和小李的相识，更是充满了喜剧色彩。两个人也居住在一个社区， 除了地缘上的便利，两人还都养小狗。一次在遛狗的途中，小李不经意间打开了微信，发现了自己身边100米的人，就主动打了招呼，没想到顺利地通过了对方的验证。对方发送来一条信息：“请问你是拉布拉多的主人吗？”原来，因自己用爱犬作为头像，对方马上就认出了旁边的自己。“你好，我留意到你的狗狗好几次了。这是我家的泰迪，我是刘芳。”通过微信认识的两人经常邀约一起遛犬，有时候还会相约一起开车带着狗狗到公园去玩。一来二去，两个人的关系从朋友向男女朋友顺利发展下去。

位置查找是微信里的相识法宝

案例分析

现代化的生活方式，再加上日复一日的工作压力，很多人在生活中失去了自己的社交圈。在忙碌的生活中，很多朋友没有时间联系，很多亲人没有时间关照，甚至爱情也没有时间寻找。而微信提供了一个立体的社交平台，你可以通过发起聚会的话题来网集活跃用户，壮大自己的社交人脉。打开自己的心态，以开放的内心来面对他人，会让你发现世界多姿多彩的美好。每天与你擦肩而过的并不是陌生人，与对方传递更有价值的信息，就能在社交活动中获得双赢。通过微信，我们在网络和现实中获得了更好的结合点。而对于生活在都市的男女来说，微信何尝不是一个时尚的交友平台。也许，你的真命天子或真命天女就在这里等待着你的出现。

实战建议

如果你还只把微信作为一款简单的通讯工具，感叹微信的语音功能代替了短信，沉浸在以流量节省了电话费的欣喜中，如果你还停留在对微信的浅层互动上，那么你就真的out了。其实，在智能化社会，微信不仅能为你提供便利的声讯传递，同时也能成为你解决终身大事的平台。

1. 微信强势回归社交

“姑娘，对不起，是你掉的砖头吗？”几年前，人们还在网络上调侃着男士拙劣的搭讪技巧，而现在，微信为都市中的剩男剩女们开创了一种全新的社交方式。由于“摇一摇”“查找附近的人”等功能的开启，使微信平台成为一个可以链接现实的社交平台。这一弹性的社交功能使得地缘化的社交再次强势回归。用户通过微信搜索功能，可以在附近的社区、餐厅、飞机场、酒店、酒吧、火车甚至地铁上搜索附近的微信用户，通过与对方交换身份，甚至可以将线上功能转移到线下。

2. 线上线下巧妙链接

现代社会中生活节奏越来越紧张，城市里的都市白领成为最大的单身群体。白领们的生活大多在公司与家的两点一线中度过，较窄的交际环境一定程度上限制了他们与异性之间的交往。而微信的出现拓宽了人们的交际圈落。如果用户想享近水楼台之乐，那么不妨以身边的社区为根据地。用户可以通过建立类似“好邻居”的线上活动，网罗微信上的活跃用户，通过线上活动转移到线下互动。将线上到线下的联谊，创立一个自己需要的社交群落。

微信互动百科——一个神奇的趣味宝藏

在网络互动越来越频繁的今天，可以说所有网络行动都伴随着“无互动，不商业”的节奏。网络拉近了人与人之间的距离，也增添了人们怀疑一切的力量。任何偶像都面临着被污垢扭曲，任何真理都面临着被解构，任何权威都面临着被瓦解。因为网络时代的任何声音都可能引起一场波澜。而互动百科是一个全民科普的公共平台，在微信平台上加以利用，就成了一个神奇的趣味宝藏。

Sample A：经典阅读的微信传播

《十万个为什么》是20世纪60年代少儿出版社为青少年量身打造的系列丛书。其内容涉猎广泛，作为少儿的科普百科类读物，成为了一代图书经典。这一代年轻人的科普启蒙教育大都是从《十万个为什么》而来。虽然《十万个为什么》是经典的科普百科读物，然而随着时代的发展，在互联网技术大行其

关注微信百科，有事随时问

道的今天，其互动功能在今天看来显得捉襟见肘。无论是对青少年群体还是对成人来说，生活百科和科普常识在人们生活中都有着时效性。百科类微信公众账号应运而生；在传播百科类信息的同时，也兼顾互动功能，力求在趣味娱乐的氛围中进行科学知识普及。

Sample B：好奇就戳我

在“我爱问”微信平台，主要分为两类栏目，即“往期精彩”和“戳我提问”，内容主要是针对于新闻内容的提问、爆料以及专栏内容的更新。除了一些社会热点问题，网友的即时提问也是其平台发布信息的重要内容。传统的媒体平台是由编辑精选重要的信息，作为播报的核心内容。而在微信时代，用户不仅是信息的阅读者，也是信息的再造者。尤其是在“我爱问”这类百科平台中，用户的互动性链接着社会热点，成为平台传播的重要载体。

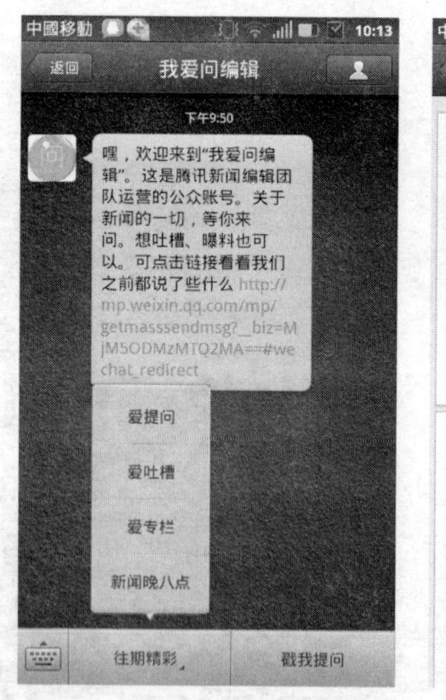

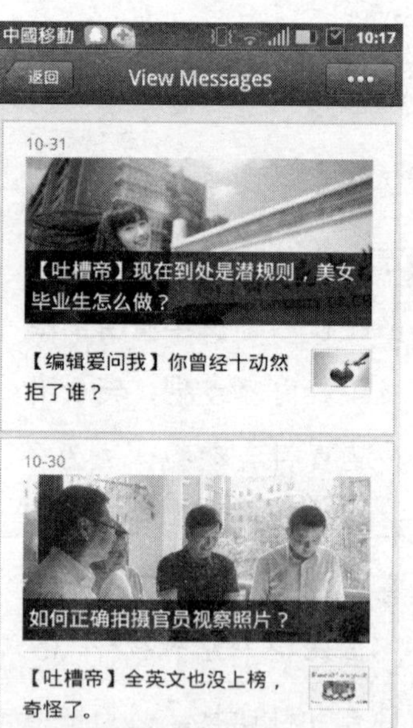

用户可以自拟问题，也可查询分享信息

案例解析

目前，互动类微信包括两种形式：一是专业性百科互动平台；二是综合平台中的百科类板块。无论从哪种形式来看，互动百科都极大增强了百科信息的互动性，同时兼顾了信息的趣味性。互动百科中的信息，不再像传统信息那样，以高高在上的权威姿态出现，而是增强了用户的参与性。其实，互动百科并非微信平台首创，它在众多的门户网站和成熟的网络社区中早已经流行开来。

互动百科在网络上的盛行，不仅基于其传道解惑的专业性，网友在其中的参与度也让百科类信息持续火暴。在“人人都有麦克风”的自媒体时代，网民在互动百科中可以充当“公知”的角色，为他人答疑解惑。而微信百科的出现，是将百科类问答移植到了移动终端，能够很好地满足人们的随时随地提出问题、解决问题的需求。

实战建议

微信百科互动平台一改以往百科类栏目的说教方式。通过微信窗口，每个人都可以是百科的编辑者和创造者，充分适应了人人都有发言权的时代节奏。内容为先，互动为王，仍然是微信不可偏离的王牌准则。

1. 让平台“活”起来

互动百科平台能给用户提供海量信息，同时也注重信息的及时更新。其信息分类主要从知识趣闻、令人大吃一惊的冷知识等角度让社会热门话题和事件“活”起来。百科上的互动信息均选取了简短、轻松、愉快且好消化、易传播的短消息。用户不仅可以通过关键词查询来获取相关的百科信息，同时也可以通过日常对话来“调戏主页君”，请安、表白、吐槽、闲聊等各种回帖发帖形式都不在话下。

2. 企业要量体裁衣

微信平台的百科信息不只是为我们生活中带来了便利，其实，对企业公众账号内容的设置也有很强的启示。很多企业在经营自己的自媒体窗口时缺乏一定的规划性。从企业自身网站到微信、微博，可以说样样没有缺少，但是因为内容编排不合理或者是针对人群不清晰，一直没有收到良好的效果。其实，企业的宣传窗口不一定追求面面俱到，但一定要有自己专属的特点。

3. 专业化企业可打造专业化平台

另外，微信与其他媒体平台相配合时，在风格上要具有高度一致性。一些产品品类较专业的企业，不妨将自己的平台打造成互动百科的形式。减少其专业知识的生僻感，通过加强互动来营造良好的沟通氛围。例如保健品企业就可以将自己的专业信息进行高度整合，以保健养生类的百科知识贯穿公众号的信息平台。

微信支付——你身边的“微银行”

微信新版本问世后，很多新功能受到用户的关注。更多的商业合作的推出，使得具有3亿用户的微信深受企业宠爱。其中最直接的商业推广莫过于微信支付功能的推出。微信与支付功能的链接，全面提升了微信的商用价值。微信的支付功能大大提升了其平台的商业价值。然而，作为用户基数极大的一种社交通讯平台，其支付接口经过屡次更新仍然没有大范围的打开，而是精选一些信用企业做着小心翼翼的商业尝试。

Sample A：微信支付方便多

新版本的微信平台中，通过账户认证后，绑定银行卡即可实现在线支付。在微信平台内，通过商户选择可以随时随地进行在线支付。除了可以实现商品的在线购买，同时还是一个安全私密的公益平台，通过微信平台可以实现一站式的公益捐款。使用微信支付功能进行话费充值更是可以享受大额度的费用减免，对用户来说确实是很大的诱惑。

通过微信银行可轻松实现支付

Sample B：第一家微信银行

随着招商银行率先上线了手机银行，各大银行业纷纷拓展疆域，在微信平台，开展了终端服务业务。在微银行可以实现信用卡、借记卡的咨询及支付转账等功能。在借记卡服务中，可以进行账户查询、交行转账、无卡取款、无卡消费、理财服务等操作。而在信用卡中心则可以进行账单和积分查询、信用卡还款、刷卡账户信息查询和信用卡的激活与挂失等。其他服务中包括享受优惠促销、网点查询、金融行情、手机银行下载等信息服务。

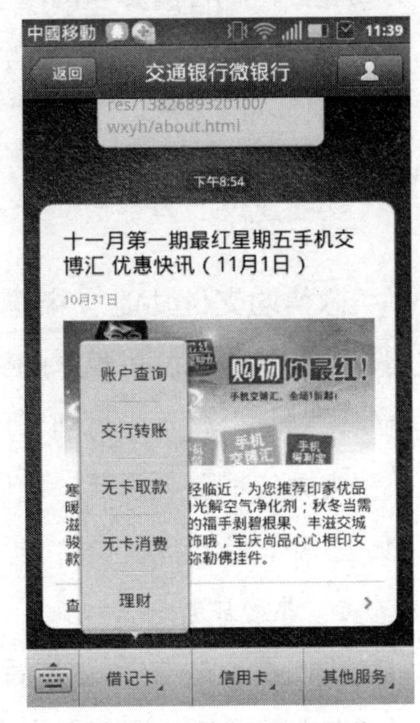

交通银行将服务扩至微信

案例解析

我们为什么要添加微信，到底在信息平台上能够进行哪些操作？在微信5.0发布以前，我们能给用户的答案可能是刷朋友圈、信息分享、语音聊天、免费加精文阅读等。在微信新版本上线后，我们发现微信平台有了更为综合性的功能。社交功能只是微信众多功能中的一种，现在的微信平台可以实现阅读、地图导航、在线支付、逛街购物等诸多需求。甚至有人预言说，将来互联网中的任何事情都可能在微信中得到实现。

上述两个案例中，第一个是微信平台基于自身的支付功能进行简单的信息采样。在新版本中，微信平台的商业化趋势逐渐显露出明朗的态势：微信表情和微信游戏成为其平台内尝试阶段的先头兵。微信支付打开了微信平台O2O经营模式的再造之路，而“扫一扫”功能则成功地将线下线上间形成良好互动。

而各大银行的介入正是微信平台公信度的重要支撑。对于银行来说，微信巨大的用户基数是其无法割舍的重要平台。如今任何一个手机终端都无法提供基数如此庞大的巨大客户群。而对于微信平台来说，与银行之间的商业合作尽管需要承担更多的商业责任，但一定程度上也降低了不少合作风险。因此，对商家和微信平台双方来说，支付功能都是有所裨益的实践。

实战建议

微信的支付功能意味着其平台向商业化又迈进了新的一步。我们看到，微信平台上每个版本的更新、每个功能的开放，都伴随着谨慎的市场调研，同时也深入考虑到了用户的深层体验。任何有损用户体验的沟通方式都为微信平台所摒弃。我们在微信支付功能的部分给出几个趋势性的意见，主要着眼于新版本发布后微信平台的一些调研结果。

1. 常更常新

我们看到微信5.0发布后短短一个月左右，又有两个全新版本相继问世。在瞬息万变的网络世界中，能够及时进行信息更新，也就更可能抓住企业的目标消费群体。在平台得发展阶段，不断尝试和调整也是企业应该自省的部分。在微信支付平台上，商家可以选择多种方式尝试，从内容上来说，可以使支付和公益联合，同时也可以适量安放终端购买机，通过“扫一扫”完成平台交易。应尽量避免单一的信息和操作方式，以免用户产生抵触情绪。

2. **买什么，怎么买**

在近期的调研中我们看到，微信平台内的支付功能尽管解决了“怎么买”的问题，但“买什么”同样也是企业平台应该关注的。从调研结果来看，很多用户希望微信平台能够开发生活用品、政府缴费、便民工程等更多平台的信息。对微信用户来说，除了一般的购物体验外，生活类的支付服务仍然是他们十分看重的内容。因此，在未来微信平台的开发中，企业可以将目标关注到这些公共服务类的平台。真正为用户解决实际问题，才能换来用户更高的忠诚度，从而树立自己的微信平台的关注度和公信度。

CHAPTER TWO

第二章 <<

微信营销一出，传统营销方式都OUT了

毫不夸张地说，微信的出现代表了一个时代的开始。微信出现的时期，正是智能手机大行其道的时代。人们在手机移动终端可以实现越来越多的功能操作。已经有一些商家将微信作为营销的新阵营。作为最炙手可热的社交平台，微信代表的正是一种未来营销的大趋势。传统的营销方式固然有自己的优势，但其优势更多针对的是其平台内部。传统营销方式势必被更符合时代趋势的营销方式所取代。微信营销一出，其他传统营销方式立刻就显得相形见绌，都out啦！

企业网站营销：适合网站营销的企业太有限

企业网站是20世纪初期企业营销领域的全新平台。当时，市场营销迎来了网站的黄金时代，设计网站与利用网站的商户在当时都有机会赚得金钵。但是如今，不管是从人们的信息交互方式还是从媒体本身的发展特征来看，适合做网站营销的企业实在是少之又少。那么，对于已经开发网站的企业来说，如何将网站信息转移到微信平台上进行传播，是复制还是重构？下面先来看几个案例。

Sample A：相宜本草，微信也本草

相宜本草作为国内成长较为稳健的护肤品企业，其网站秉承了企业品牌清新的形象，本草概念在其微信公众平台上也得到最大程度的展现。其微信平台“相宜本草”中分为“走进相宜”、

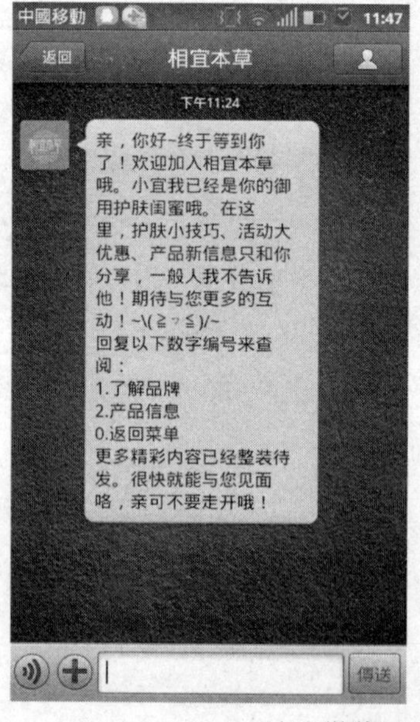

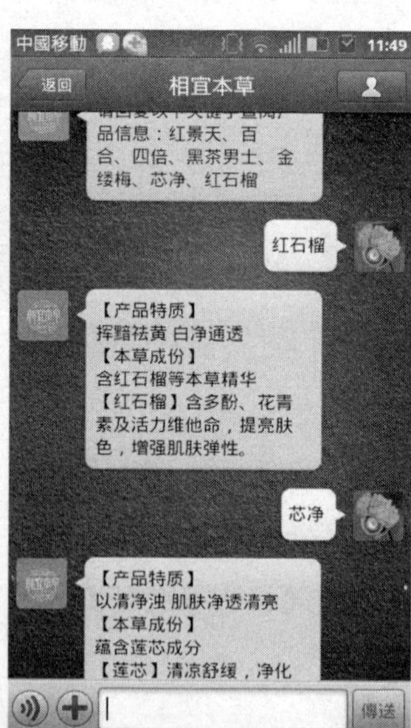

关注微信可了解产品动态

“护肤产品”、“本草课堂”、“最新活动”、“互动专区”、“官方商城”等几个部分。通过微信公众平台，相宜本草能够更主动地与其用户展开互动。用户关注其公众账号后，微信平台可以自动与用户打招呼，积极定时地进行信息投放。此外，其平台还在第一时间分享互动信息，让用户享受无延迟的信息体验。

Sample B：汤臣倍健，健康好互动

作为国内营养膳食保健品的著名品牌，汤臣倍健较早地利用微信渠道与消费者建立起了联系。企业的宣传，可以通过微信的互动方式，通过发布互动类信息，使消费者能够主动参与到品牌传播的过程中。汤臣倍健希冀成为行业内的领导企业，更需要建设好自己的微信平台，来实现与用户的互动，提升企业美誉度。而其“营养支教计划”通过微信平台进行参与者招募，就是塑造企业公益形象的很好契机。

汤臣倍健“营养支教计划”获得了很好的社会反响

案例解析

网络营销现在大家都在做，说其是最流行的营销方式，不如说是现今企业必需的营销方式。网站、博客、论坛、社区、微博、博客、微信等多达十几种的网络营销方式令企业目不暇接。很多企业在进行网络建设时，往往产生这样的困扰：能做的平台都做了，每年花费大量的人力、物力去维护，但收到的效果却很差。谁也不敢舍弃互联网的半壁战场，但是如何做、在哪个平台上做、做哪些内容都是让企业主困扰不已的问题。

大多数企业会选择把网站来作为营销大本营。网站上图文并茂的综合类信息往往能够承载下企业的大部分传播资讯。对这种大而全的传播模式，很多企业都在常年持续维护。但是从目前的效果来看，很多企业网站每天少得可怜的浏览量让不少企业主对网络营销本身甚至产生了怀疑。其实，就网站形式来看，适合做网站营销的企业实在很有限。尽管网站本身内容咨讯很丰富，但其更新度远比不上现在的网络社交媒体。信息的单一性和较慢的更新度使得用户一般很少对网站产生黏性。另外，如今网站的发展有分类化和门户化的趋势。企业作为个体，维护其单一性的网站平台，可以说是一件吃力不讨好的事情。

以上两个案例有力地说明，在信息化时代企业首先要学会转换心态。首要的就是学会用“同理心”与消费者互动，以消费者喜闻乐见的形式来传达信息。当下社会化媒体大行其道，其中以微信为首的互动媒体占据了人们碎片化时间的半壁江山。兼顾传统平台同时发力微信，已经成为企业营销的大势所趋。人们常说，在信息化时代谁掌握了信息，谁就能控制世界。而对企业营销来说也是如此，谁掌握了消费者的信息动态，谁就能掌控市场动态。

实战建议

企业进行市场运营的过程中，都希望利用有限的时间和资源获得最好的效果。在进行企业宣传的过程中，很多企业往往操之过急，希望迅速得到市场效应的反馈。现在我们必须说明的一件事就是，任何平台的推广都需要长时间的投入和维护，微信也不例外。

1. 选准时机，顺势推出“微信”

很多企业也已经关注到微信强大的信息发布功能，但是如何应时推出企业微信，让更多人主动关注？企业可以根据自己的年度或者月、季的营销主题，增设微信中的互动环节。例如，微信抽奖等方式就是企业通过“借势”，顺利将自己的微信公众号推到公众面前的第一步。在微信争夺战当中，“凭什么让消费者关注”，是企业微信推广过程中首先要解决的问题。换句话说，在推广之初，首先要给到消费者一个值得兴奋的引爆点，找准时机的同时顺势推出。

关注《完美国际》公众账号，有机会获得奖励大礼包

2. 选好内容，科普与娱乐共存

微信不同与其他传统媒介，它具有极强的互动性。因此，企业在发布自己信息的时候要注意内容方式的表达。发布信息时要协调好企业身份，不宜植入过多的硬性信息。企业要尽快转化自己的第三方身份，直接与消费者形成面对面的良性互动。企业的科普性信息要按照一定的比例投放，增强平台的娱乐功能，投放信息初期要遵循“内容为王”的原则。

“宝洁时尚白领”微信平台始终关注发布信息的时效性和娱乐性

微博营销：只注重传播，不注重互动

抛开微博中“大V”的话语权不说，单就微博的传播效应而言，也让很多企业主叫苦不迭。宣传费没少花，微博原创人员没少请，可微博营销的效果确实不尽如人意。问题出在哪里？下面就与各位简单地分析一下。在微博世界中，信息价值的衡量很容易聚焦到转发多少次、评论多少条。微博传播本质上是“大V”带动小号，从效果来看是传播重于互动。微博在传播过程中也过度聚焦于爆炸性信息，过分追求“围观”的轰动效果。而微信相对私密的朋友圈开启了“大V”走下神坛的阶段，带领每一个普通人走进属于自己的“小时代”。

SampleA：康师傅老坛更爽

康师傅老坛酸菜面除了特殊的口感外，其富有个性的代言人往往也是大众瞩目的焦点。而最新代言人王宝强和徐铮除了在广告中露脸之外，微信中也可以时常见到二人的身影。微信超越了以往单一媒体只传播不互动的尴尬，在互动中最大程度地传递了品牌价值。用户通过简单的数字回复即可获得更多的品牌信息。

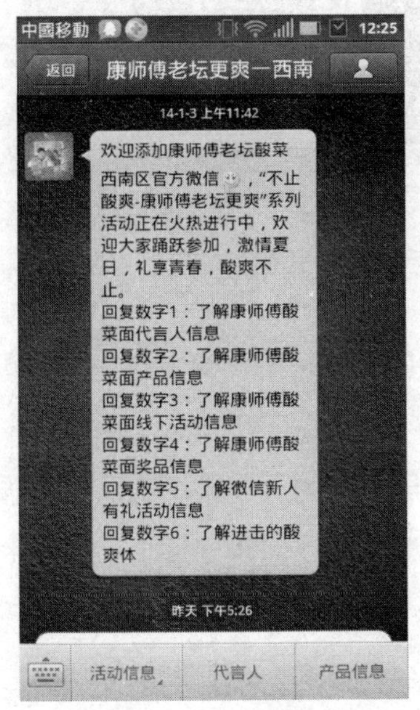

和代言人一起玩起来

康师傅老坛酸菜面的微信平台有奖竞猜

SampleB：芝柏表有奖竞猜

很多在做微博的企业会通过微博推送微信上的活动消息。通过已有的微博平台进一步进行微信推广。为配合新产品问世，芝柏表发起话题——芝柏表MOM微信有奖竞猜活动。关注芝柏官方微信账号，回复“MOM”即可参加活动。芝柏也在活动中采用问答的互动形式，问题全部答对的用户即有机会赢取GP芝柏表送出的独家精美礼品。在活动推广过程中，企业要注意信息设置简单化，避免用户由于操作过程冗长而产生厌恶和排斥。

关注GP芝柏表微信平台有机会参与抽奖活动

案例解析

微信与微博一前一后，共同开启了全面传播时代。有人说，读书获得的不是信息，而是知识；微博不是获得信息，而是同步信息。由关注与被关注形成的网络圈子，成为人们更新和同步信息的主要来源。从传播形式上来说，微博更加专注于一对多的传播，而微信更适合专注于一对一的互动。因此可以说，微博是面状的传播媒体，微信可以看作点对点式的传播媒体。对企业来说，与其诟病微博与微信的劣势和不足，倒不如静下心来打通两种媒介，提升自已的企业价值。

以上两个案例是企业探索微信平台初期的一些实例。很多企业在最初接触微信的时候心中不免产生顾虑：微信和微博怎么做，到底哪个作为重点来做，是不是微博已经是明日黄花，是不是把微博上的信息都搬到微信就可以……在微博转向微信的初期，要实现“一帮一”的良性互动，微信要充分发挥深度优势，而微博要发挥其广度优势。以微信进行信息深挖，以微博作为迅速传播的广阔平台。

刚才提到的两个案例都是利用有奖竞猜的形式与用户进行互动。在其他资源应用不那么充分的情况下，奖品竞猜类的互动以奖品刺激来吸引用户关注，是迅速提升企业微信的有效途径。

实战建议

很多公众平台在经营时往往只关注其信息输出。有些企业甚至以配发任务的方式，阶段性地规定微信平台的更新数量。这种只重视传播数量而不重视互动质量的微信沟通方式往往会导致平台信息阻塞。没有实现互动的微信平台，只能是自娱自乐。

1. 经营好熟络圈子

如果说微博经营是以“大V”为首的陌生人圈子，那么微信关注的则是熟人圈落。由于微博平台的开放性，爆炸性信息具有更强的辐射作用。对于熟人圈子，人们关注的除了具有“围观”价值的社会热点话题外，更为关心的就是朋友的个人生活信息。谁去哪里旅行了，谁成家立业了，谁金榜题目了等，这些看似细小的话题构成了我们日常生活的根本要素。因此，微信的信息发布要更具有人情味，企业要注意放下姿态，无论选择何种话题，都要更接地气，更适合熟人圈落的传递和分享。

2. 发掘用户的社会化需求

随时随地办公，随时随地了解交易进度，“随时随地”是信息时代人们对于移动办公的重要诉求。第一家推出银行微信平台的招商银行在技术方面也赶超其他银行，成为全国第一家微信银行。招商银行微信平台成为首家利用微信端口进行业务咨询、代办相关手续的银行。用户只要绑定自己的银行卡和微信号，就可以通过微信进行咨询、简单办理等业务。招商银行作为最早提供金融微信业务的银行，不仅给我们提供了方便快捷的平台，同时也是微信作为社会化媒体在人们的生活服务领域迈出新一步的见证。

招商银行微信平台将生活化服务做到实处

短信营销：只是“扫大街”却不精准

中国近4.7亿的手机用户造就了全球最大的手机市场。在2000年初前后，中国手机市场经历了从出现到发展的迅猛阶段，进入手机的全盛时代，几乎让家用电话机退居二线。而这一巨大的潜力市场也曾让短信成为移动营销的重要战场。说起短信营销，营销从业者应该再熟悉不过，人们或者是短信的制造者，或者是短信的接收者。短信营销一直追求的是“信息海洋化”，即通过海洋化的信息覆盖，达到全面网罗消费者的目标。然而不幸的是，短信营销由于无法定位精准，已经逐渐面临倾覆之灾，赤裸的短信营销常被用户指为“垃圾短信”。单纯追求信息海洋化，不注重针对群体精准投放，“扫大街”式的漫天覆盖显然已经不能满足现代市场的营销需求。

成功案例

Sample A：力宏微信征服歌迷

没有什么比主动获取信息更能体现出消费者对品牌的忠诚度。对企业来说，只有找到自己的消费群，才能更好地精准地定位，针对用户需求量身定制。王力宏作为享誉中外的演艺明星，也应时地推出了自己的公众账号。关注其微信，就能收到关于王力宏最新的演唱会或专辑信息。与自己的偶像互发信息甚至收听他的语音问候，在微信时代已成为可能。

王力宏用微信与歌迷互动

Sample B：星巴克信息巧落地

短信根据号段漫天发送覆盖信息，在信息分类化越来越明显的今天，确实收效甚微。而像星巴克这样的全球连锁集团在中国进行经营所遇到的第一个问题就是如何顺利地进行本体化资源转换。前有肯德基、麦当劳的经营经验，星巴克在中国的本土化转换也开展得游刃有余。通过关注“星巴克中国”官方微信，用户回复自己的所在地，进而获得该地区的星巴克活动信息。这种量身定制的微信传播让用户更多感受到贴心的关怀，而不是漫天飞舞的恶意广告。

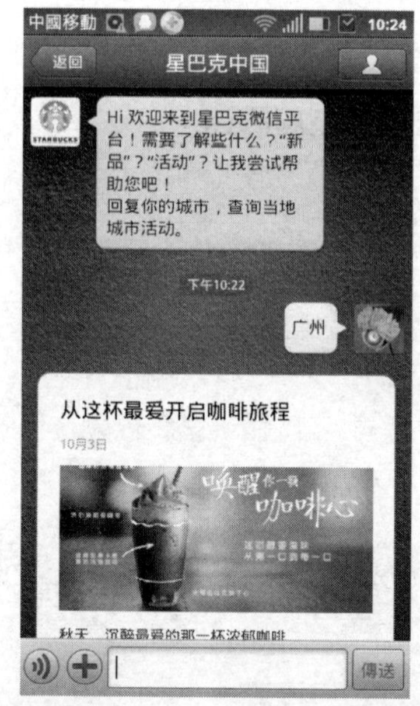

星巴克微信坚持“以情动人”的营销策略

案例解析

我坚信，好的营销无论放置在哪一个平台上都能收获到良好的效果。好的营销渠道的衡量标准，就是能最大程度地实现双赢。消费者能从中获得乐趣，而企业主也能从中传递企业的价值观和品牌信息。各种传播经营平台正在逐步走向聚合。而微信的初期运营要充分借鉴短信营销的全覆盖优势，但同时也要警惕其单纯以数量称道的单向传播思维。企业在探索微信平台的初期，要充分发掘用户需求，以此作为市场调研、了解市场动态的重要依据。一个好的平台需要长期的建立和维护，需要一个合理的良性成长过程。

以上两个案例向我们展示了微信时代与短信时代营销方式间的差异。简单来说，短信从“量”出发，而企业做微信就要坚定以“质”出发的根本立场。微信的部分功能正是脱胎于电话短信，其发展过程也部分地残留了短信的痕迹。而与短信的单向传播对比来看，微信在费用核算、图文并茂等方面又有着绝对的优势。

微信营销的战役才刚刚打响，只有更多商户一起协作培育，才能让这个平台释放出应有的光芒。在做好平台、做大粉丝群的前期过程，企业微信应根据客户需求做好自身的口碑效应。其内容本身不必拘泥于图文结合，可以发送视频、音频甚至小型的互动类游戏，增加企业微信传输内容的趣味性。与短信相比较，微信最大的话语权就在于其内容信息的互动性，避免了信息的单一性。

实战建议

“前期看不见，中期看不起，后期追不上”，市场的瞬息万变确实被马云一语言中。对于企业来说，如何从短信平台顺利地过渡到微信平台，首先就要转换思维，从一次性成本投资上来说，短信纵然具有价格上的先天优势。而对微信来说，长期的人力脑力投入，确实需要建立一个严整的体系，来持续更新平台内容。

1. “扫大街”之举，并非不可取

短信漫天盖地的空间投放并非是完全不可取的行为。关键在于选取怎样的信息传递，让“扫大街”的行为变成合理之举。国庆节长假来袭，临潼区作为兵马俑、华天池等著名景区的所在地，面临着极大的交通压力。临潼公安局特意开设了“平安临潼”的公众账号，这也是陕西省首个区县级公安部门开设的公众账号。游客通过关注“平安临潼”微信，能够在第一时间了解各个景区的游客数量、交通信息、停车场设置和安保情况等。

政府通过微信公众号传达利民信息

2. 微信的天然优势

微信从诞生之日起就与互联网存在高度的关联性，而依靠网络用户进行交易的电商平台，一开始就与微信带有先天的黏合性。最早在国内搭建大型美妆网购平台的电商聚美优品自然也是最早进行微信平台建设的商家

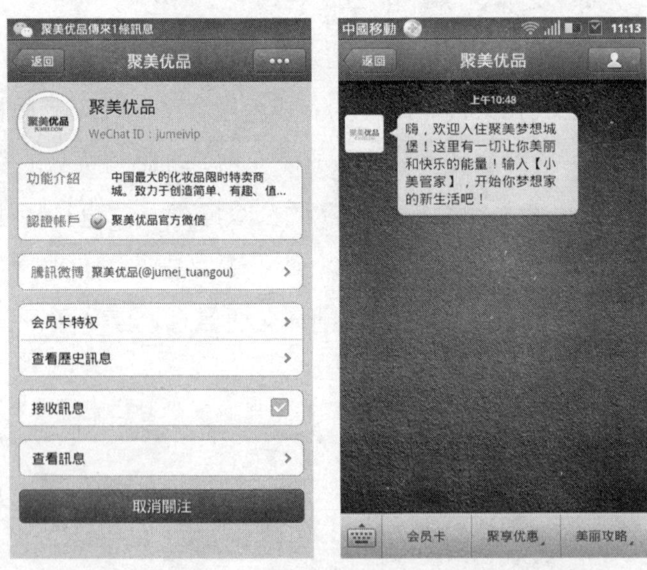

关注“聚美优品”微信，可在线实现会员优惠兑换

之一。其微信账号发布的内容中涵盖会员管理、优惠活动和护肤常识等相关信息，对消费者来说，这不仅是一个获取商品信息的平台，更是一个美妆分享的信息平台，其实用功能大大提升了用户对其的黏着性。利用高效的互联技术，微信摆脱了短信“盲扫大街”的尴尬，提升了用户在消费市场中的体验。

搜索引擎营销：只是依附却并不显眼

利用搜索引擎将企业排名前置，增强其点击机会，从而达到营销目的是传统网络营销的做法。然而，单纯靠排名吸引用户访问，对搜索引擎具有很强的依附性。而现在的用户具有多样化的选择空间，搜索引擎又层出不穷，如果进行全方位的搜索引擎投放，势必会产生巨大的投放费用。不仅如此，随着搜索引擎的细化，企业主面对五花八门的搜索引擎也只能甘受“选择恐惧症”的困扰。对企业来说，过度依附与其他平台的寄生关系，实属商业上存在的巨大风险。

Sample A：乐蜂网——Life Beautful

关注乐蜂网，专享百元好礼

企业通过微信建立自己的公众账号，在其内容和形式上具有相对的自由性。微信是一个相对公平的平台，谁的内容做得好，谁的平台更能切合消费者的需求，消费者就会自动地选择哪个平台。乐蜂网通过促销活动，配合网页推出自己的微信，通过精彩的内容设置绑定了大量的活跃用户。其内设的“达人问妆”频道，设置了“秋季抗敏”、“美白淡斑”、“减肥瘦身”、“服饰美搭”和“问妆搜索”五个板块。而通过“疯购正火”板块则可以链接到乐蜂网的购买平台，了解商品信息，促成直接购买行为。而“我的乐峰”作为会员信息发布平台，可以实现查询积分、确认订单和在线客服咨询等功能。

乐蜂网微信每天推送美妆信息

Sample B：驴妈妈旅游一键关注

驴妈妈旅游分类网站也率先推出了掌上微信业务。通过驴妈妈旅游网微信平台，驴友们可以随时随地阅读和发布自己的游程信息，也能第一时间进行酒店食宿业务的预订。驴妈妈旅游网的微信公众号主要设置了三个板块：预订、攻略和优惠活动。在“预订”板块中，用户可以轻松获取景区门票、自由行、线路规划、旅游团购和查询预订。“查攻略”主要分为驴友们在路上、天天山海经、月刊和热门攻略集等分板块。“优惠活动”分为特价抢购、本周推荐、我的优惠券等分板块。一键关注，让用户省时省力地了解到最新的旅游资讯。

旅游优惠尽在微信“驴妈妈旅游网”

案例解析

很多企业都会陷入一个误区，就是搞不清传统广告与新媒体广告的差异。很多企业主都认为，将传统广告换一个平台如换到微信或互联网，换一个传播载体就可以实现新媒体广告的发布了。以搜索引擎为例，当消费者搜索关键词“手机”，包括手机品牌、报价、使用体验等五花八门的信息在不到1秒钟内就会出现在用户的视野。搜索引擎在根本上提供的是精选萃取信息的功能。搜索引擎所带来的营销机遇从根本上来说也是一种颠覆式的技术革命。与其他传统广告形式强制性的信息传递有所不同，搜索引擎是一种为网友自发的搜索行为提供的服务，这一点与微信具有很强的相似性。

从两个案例中可以明显地看出，作为电商平台的两家企业从网站宣传到微信宣传的过渡。从搜索引擎到微信，企业主迈出了从重度依赖到自主创立自媒体平台的一步。无论是乐蜂网还是驴妈妈旅游网，在微信上通过会员积分查询、活动推送等给用户带来了充满互动的全新体验。看似短小简悍的微信文，能够在用户的碎片化时间里进行有效渗透。两个电商各自靠内容丰富详实的微信平台大大调动了用户的参与度。

这两个电商提供的微信平台，不可小觑的还有在线交易功能。通过微信与用户的账户链接实现即时支付，等于微信成为销售环节的重要平台。对企业来说，微信实现了其全方位的营销革命。用户登录微信，接受其公众账号推送的信息后，可以第一时间购买商品，同时可将购买行为生成的信息即使转发到朋友圈，分享购物体验。因此，基于现有的平台，微信可以完成全流程的营销过程。同时，企业微信平台也应建立自己的信息库，如以上两个案例中，用户完全可以将其微信作为信息细化的搜索平台来使用。

实战建议

传统的搜索引擎需要依托于大的门户网站，在广告投放量上耗资巨大，但并不是所有企业都适合粗放式宣传。一味依附于门户网站，在成本和效果上来说都不是长久之计。通过微信平台，进行有针对性的信息定制才是“物美价廉的王道”。

1. 做好信息分类

搜索引擎除了具有提取信息功能外，还可根据客户的需求进行精华提炼。通过关键字输入，可以帮助用户在最短时间内获得最佳的搜索效果。搜索引擎的作用在微信中也可以得到良好体现。在呈现方式上可以分为三种：横向内容分类，纵向时间分类，横纵向同时兼顾。横向内容分类即依照内容不同，建立不同的板块设置，满足不同用户的需求。而纵向时间分类则是通过时间设置，按照不同时段来设定不同时段中的内容。而横纵向兼顾的综合性平台则是两种方法并行使用。

2. 轻松链接消费平台

手机作为一种支付终端的存在，已经为越来越多的人们所接受。微信依托于此，可以直接促成商品的购买。微信直接链接商品信息，直接与销售关联，对企业主来说是最为实在的回馈。微信中通过增设产品信息，设置跳转功能，可以使用户在微信平台上实现一站式的购物体验。同时可轻松晒单，快速与朋友圈建立互动联系，与朋友第一时间分享信息。

3. “另类”搜索引擎

搜索引擎曾经是很多企业选用的热门营销方式，其速度快、内涵广等优点在营销过程中给企业主带来了不少帮助。那么，微信中有没有可能实现类似搜索引擎的功能？其实，只要内容得当、板块齐全、更新及时，微信也能实现引擎化。而且在微信中，引擎内容不再集中于信息的宽度，而是针对同一类产品信息的细化和周边信息的拓展。

门户广告营销：成本高且属于单边信息传播

企业主大量投放的门户广告也是营销的常争之地。而门户网站的主要运营来源恰恰来自于企业主的广告投放。而其作为网络广告的主流投放区，不菲的价格和寸土寸金的板块让不少企业主只能望之兴叹。然而在移动互联趋势热潮持续高涨和新媒体的冲击之下，近年来门户网站的广告也发生了重组和调整的趋势。门户网站市场被细分的今天，微信该如何借力？而门户网站的明天又在哪里？

成功案例

Sample A：百度，今天你“知道”了吗?

先来看看风光一时的门户网站百度是如何进行微信业务转型的。从时间的纵向维度来说，“百度知道”的微信平台可根据用户编辑的日期编码获取当日所有的信息推送。而横向内容来看，“百度知道”微信平台设置了包括天气和点歌在内的十类综合内容，能充分满足用户的需求。与传统的门户类平台相比，“百度知道”微信升级的最大特点就在于功能性与娱乐性并存。

用户可与“百度知道”深入互动

Sample B：新浪微信也门户

对于同是招牌门户网站的新浪来说，其旗下众多的分类平台也开始琢磨起微信平台下的信息传输。新浪这样的大型门户网站板块杂、频道多，在微信运营中就也发挥了其分类优势。新浪微信平台中建立了新浪地产、新浪体育、新浪音乐、新浪家居等多个频道，用户可以依据自己的需要进行选择。另外，也有根据地缘区域划分的各地区的频道，满足区域性的差异需求。如在“新浪广东”微信中，设置了新闻、生活资讯、攻略、趣闻等类的消息，将网络社区中的内容贯穿到微信当中。

在新浪微信中搜索“家居平台”，得到琳琅满目的信息

案例解析

以上两个案例是关于门户网站的微信平台设定。企业在门户平台上进行广告投放，而门户网站也开始在微信平台上延伸与用户的互动。这恰好说明微信作为新生的社交媒体，具有很强的共生性和平等性。在微信中，无论企业还是门户网站甚至个人，都可以出现在同一平台，这种共生性也是新媒体的共性。其关注度和黏性大多取决于平台经营的趣味性和互动性，好的平台自然会吸引众多的用户。无论个人还是企业，都可以和谐共

生，平等相处，这也是微信平台能够吸引大量用户的重要原因。

上述案例中，两个门户网站都是依据自己的不同业务板块设置相应的多个公共平台。那么，企业应该如何处理多个微信平台的关系呢？我的建议是，如果企业的业务分块较为细致，且各个板块的成熟度较高，那么企业可以根据不同的业务内容分设不同的频道。这是针对企业母子品牌之间关联度不强，相对独立而采取的一种经营方式。

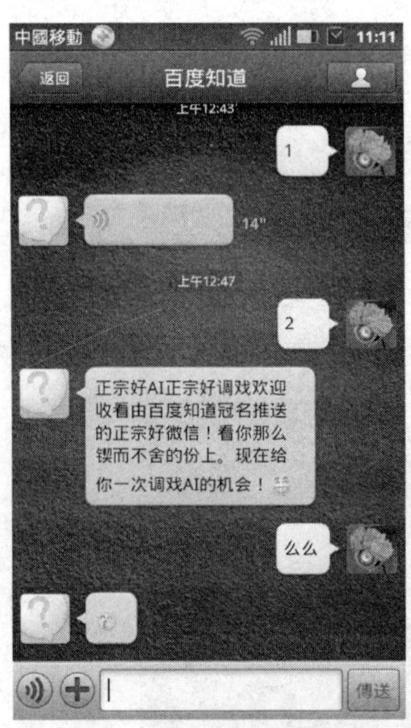

回复“2”即可获赠一次“调戏”百度知道的机会，让人忍俊不禁

如果企业母子品牌之间联系较密切，关联度很强，那么不妨通过综合性平台，以整体的方式进行宣传和推广。集中力量做好一个平台，是短时高效地获得良好效果的重要途径。对微信来说，信息的趣味性往往是决定成败的重要因素。回顾一下“百度知道”平台，细心的话可以发现，在首次打招呼的对话框中，显示出“千万不要回复2”的一条信息。这样的信息其实更像一种暗示，大多数人会第一时间回复“2”，而收到的内容也往往会让大家会心一笑。

实战建议

微信相对封闭的平台其实与门户网站有很大的差异。一般来说，人们在门户网站会有信息跳读的习惯，即往往浏览不止一个页面，也不会只停留于排列前几名的网站。而微信平台不会如此，人们会通过扫二维码或搜用户名的方式锁定一个微信平台。根据人们的阅读习惯，一旦收听一个平台后，很少有人会重复收听其他的同类平台。因此，在同类平台中脱颖而出就显得尤为重要。

1. 从门户中来，到门户中去

企业主借门户网站之力对其产品进行营销，同时通过门户网站的云处理和云计算，可以得出用户的搜索习惯，从而为企业定位出更为有效的关键词设定等服务。在自媒体蓬勃发展的时期，门户网站的一些优势也可以延续。那么，最好的状况是有没有可能转化为几屏共生，或许我们可以畅想一段既有微信又有门户网站的和谐生态。推荐类的微信账号可以算作是微信平台的另类门户。通过平台搜索，用户可以获得相关的信息推荐。这类平台不失为门户化的微信转换，也是值得尝试的经营方式。

推荐类信息也是朋友圈中的常见内容

2. 单边信息不可行

如果企业主设置微信只是在每天的固定时段，每天传输一些老掉牙的网络段子，那么“微友”们也会随之远离。自媒体时代到来后，无论对商品还是对企业，人们都需要以平等的姿态去面对。企业主高高在上的姿态势必会降低其亲和力和感染力。人们生活节奏越来越快，随之伴随的压力也越来越多。强制的单边信息，注定无法提升企业的美誉度。企业经营微信时要时刻考虑其互动性，让每一个环节都有用户的亲身体验，才能有效提升用户的黏着度。

时刻互动，轻松获得优惠券

视频营销：对题材策划能力的要求高且有不可控性

自从电视机走进千家万户，人们对于电视节目的热忱一直保持在很高的水平上。茶余饭后，一家老小端坐在电视机旁，等待着电视节目的开播。或许，随着网络的普及和时间的日益碎片化，这种盛况已不多见了。而如今，视频与互联网的碰撞同样也吸引着大众的兴趣焦点。也有很多企业尝试操刀拍摄电视节目，通过情节策划将产品在节目中进行软性植入。然而，由于视频内容策划难度高，拍摄过程漫长，成本昂贵，很多企业主望尘莫及。除此之外，视频内容含量大，其传播也具有很强的不可控性。即便如此，在微信中适当地使用视频元素，仍是提升微信趣味性可以尝试的方法。还是先来看看几大主要视频网站是如何进行微信平台设置的。

Sample A：优酷微信的定制型服务

作为首屈一指的视频网站，优酷网与土豆网完成了国内最大的视频网站整合之役，达到用户覆盖率近80%。如今的优酷微信平台建有几大板块，有热播、互动和个性三个分区。“热播”按照内容分为英剧、美剧、电影和原创四大块内容；“个性MY”则是分为原创精选、优酷全娱乐、搞笑、排行榜；而互动ING则有优酷分享、客户端下载和投稿互动三大内容。通过微信平台，用户可以快速进行索引查询，同时也能够进行视频的定制型服务。

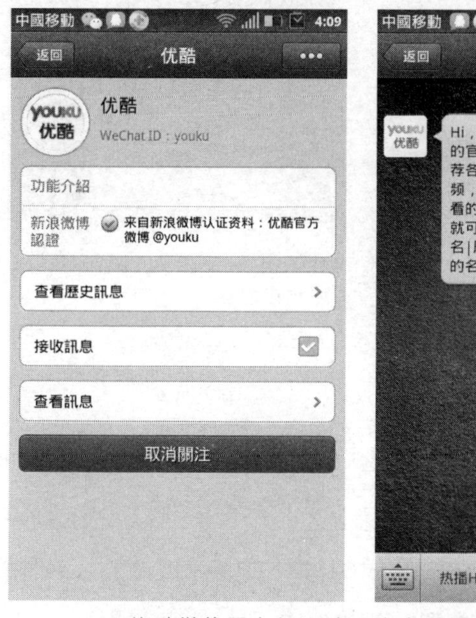

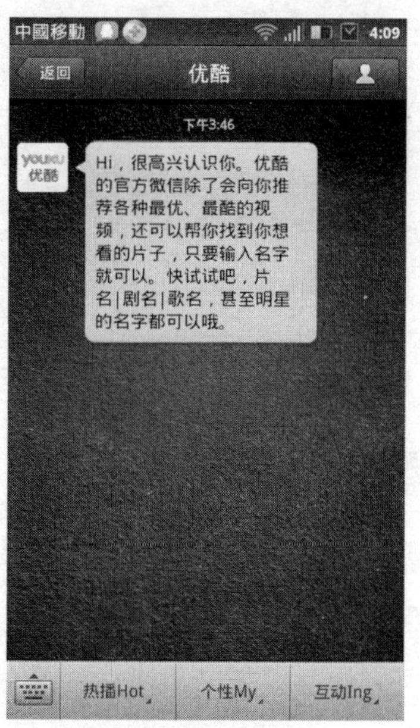

优酷微信平台与网站同步发送最新视频讯息

Sample B：爱奇艺“悦享”微信

爱奇艺作为新生的网络媒体力量，在2010年全新上线后，与其他平台相比，更专注于用户体验。遵循平台板块的细分原则，爱奇艺将各个频道进行了拆分。爱奇艺的忠实用户可以分类选择自己关注的内容。每个账号下又设有不同的内容。综合的爱奇艺微信平台分为“悦”、“享”两个板块，“悦”提供包括“娱乐”“音乐”“长知识”“星座”四方面的信息，而“享”则提供包括影视、综艺、动漫和app几个方面的内容。

用爱奇艺微信看视频更有乐

案例解析

网络上盛行的微视频虽然是众多网友喜闻乐见的一种形式，但是在操作和费用上都具有很大的难度。通过上述两个案例可以看出，视频网站在微信上的运营方式特别是微信内容的编排是有规律可循的。对比两个视频平台不难发现，相对于优酷来说，爱奇艺综合版的微信需要更多的手动输入来进入下一个环节。而优酷无论从页面的分布还是从是从板块的设定都更适合用户的操作。

以前人们经常有错过自己想看的电视节目的苦恼，而现在人们可以在网络上享受任意时段的节目回放。不限时间、地点的点播更为人们的生活提供了便利的享受。对企业来说，网络视频成千上万的点击量与其背后所带来的商业价值的确让人心动。但是对于烟波浩渺的网络视频来说，没有精准的定位和精良的网络投放，很多视频在上线的那一刻就已经被打入了冷宫，只能成为企业自娱自乐的工具。

另外从以上案例中不难看出自媒体平台下人们对于信息定制化的需求。在这个强调自主意识的时代，任何张扬个性、标榜自我的平台都会得到充分利用。而微信平台也是如此，让不同用户享受到不同的定制化体验，才能吸引更多的人关注。企业微信可以参考优酷微信，通过设立“my空间”来记录用户的个性需求。也可以参考爱奇艺微信，通过回复用户可以让其自主选择不同的收听信息。

实战建议

在微电影掀起网络潮流后，很多企业纷纷选择以视频方式进行产品推广。当然，视频相对而言信息量大，承载的品牌信息更全面完善。但是，视频营销往往对题材策划能力的要求较高且有不可控性。在视频推广中还要进行后期的传播，费用不菲，效果却往往无法保证。

1. 加强内容编策

一个好的视频制作，不仅需要好的编剧、好的摄像还需要好的演员，甚至需要好的观众。人们常说人生如戏，戏剧中常有几种大的冲突性。而对每一个微信平台来说，利用矛盾和冲突性给微信制造出不一样的趣味，正是每个用户所希望的。微信通过不同环节加强用户的体验感，平铺直叙地将信息交代给用户常常不能得到好的效果。

2. 加强个人信息定制

微信的定制服务，在自媒体时代自然是大势所趋。我认为在不久的将来，微信平台也能实现云技术的突破。平台内可以通过记录用户的浏览行为，实现有针对性的信息推送。而在微信平台中初试牛刀的企业，不如在设计之初就把用户的个性化信息记录在册，给每一个用户以不同的定制服务。

3. 考虑用户流量消耗

另外一个较实际的问题在于，用户的流量是否能够支持平台内的浏览。很多用户使用的是包月流量，因此在进行微信设置时，是否应将这一问题考虑到。例如，视频信息就不宜作为微信平台的展示元素。当然，很多懂技术的企业主会抱怨，如果要考虑这一实际问题，那很多丰富信息等就无法呈现。那么，在用户使用的过程中，让微信平台上出现贴心的流量提示，是否能让用户在体验视频的同时感受到企业微信平台的贴心服务。

病毒营销：只是单一的口碑传播

病毒式网络营销是通过口碑传播的方式，在网络上形成迅速的蔓延。这种一传十十传百的口碑传播，能为企业在消费者中间形成良好的美誉度。而且由于病毒式传播是用户的自主传播，这种自发性往往能降低大量传播成本。然而病毒传播往往呈S曲线的传播路径，如果不能在受众对信息出现免疫力之前完成一个营销过程，那么病毒传播就只是形成单一的口碑传播。因此微信传播中要注意克服单一传播形式带来的不便，增强互动和参与性。

Sample A：康佳电视：微信会员享实惠

康佳电视作为国内彩电的领导品牌，在互动营销方面一直在做很多积极的尝试。在很多商家还在探索微信营销的初级阶段，康佳电视已经完成了由官方微信到成熟“微生活”营销平台的转变。从微信公众账号升级到“微生活”平台，改善了单一的传播形式。为了打造“微生活”平台，康佳在其平台上投入了大力度的促销手段。加入康佳的微信团，即可获得四大会员特权。对于普通消费者来说，只是关注其微信账号并进行简单的回复就可以立享优惠，确实是不小的诱惑。康佳电视微信平台的确是传统企业互动营销的大胆尝试，是链接服务与营销的全新模式。

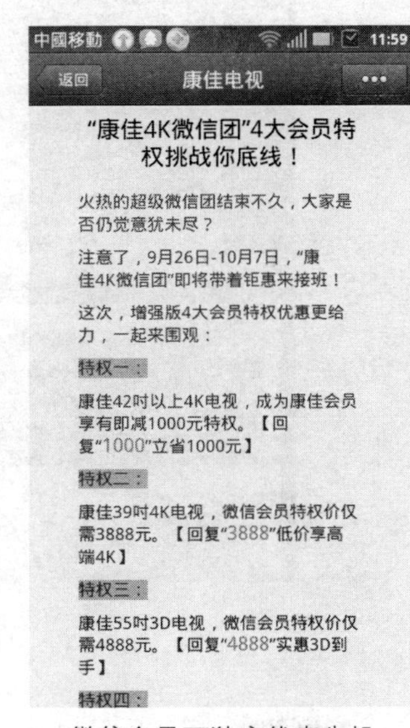

微信会员可独享优惠先机

Sample B：联想服务对准微信

联想推出的企业服务微信平台更是充分行使了其互动特征。与其他综合类平台不同，联想率先推出了微信客服中心系统。几大主流功能使消费者通过在线问答，覆盖了电话客服的功能，同时又弥补了电话客服操作不便的不足。用户可以通过发送自己的位置，来定位距自己最近的服务网点，并且获取相关的信息。联想服务微信平台通过网点查询、保修查询、保修服务、热线查询和网点查询五大服务专区，完善了微信平台的服务功能。这不仅是联想自身的服务升级，同时也是微信平台内客户服务提升的一次积极尝试。

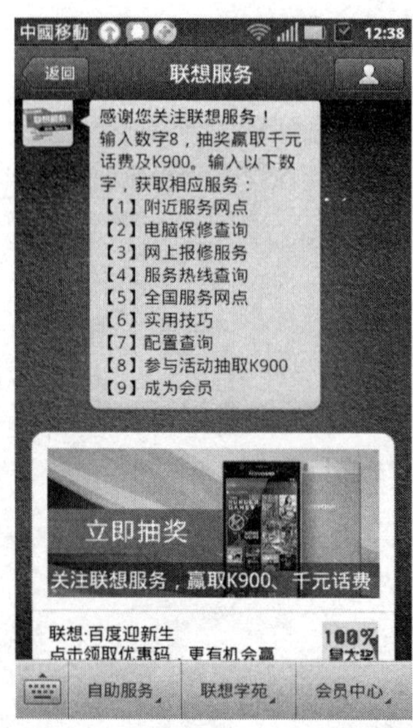

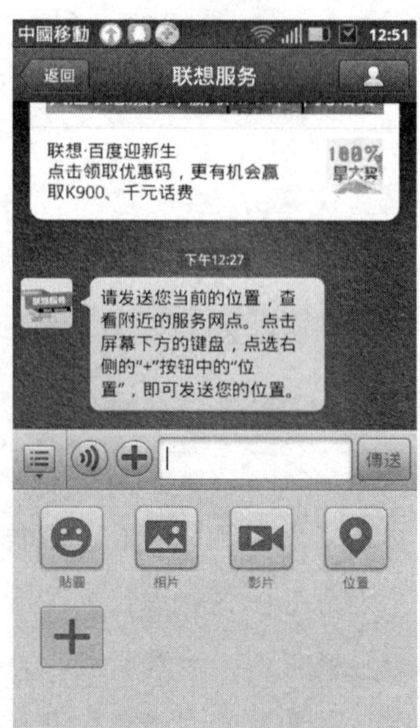

联想微信客服实时高效

案例解析

以上两个案例都是国内老牌企业在微信平台中实行营销互动的崭新尝试。对于本土企业或外资企业的本土化，都有很好的借鉴意义。康佳电视通过微信平台，创建了“微生活”的企业端口，改变了以往口碑传播的单向信息输出。联想服务更是通过微信平台，在售后服务电子化的道路上，给其他企业以先驱式的示范作用。下面我们就来盘点一下两个企业微信平台设置的创新亮点。

康佳电视将微信平台升级为“微生活”，一方面是微信功能的升级化，另一方面更是企业形象的全面提升。在家电销售旺季的夏季促销时期，康佳电视通过“微生活”平台，开展晒单抽奖旅游的活动。“微生活”平台将企业促销、用户体验和酬宾反馈及多重互动服务功能综合在一个平台上，使用户通过移动终端便可以全方位了解企业优惠活动，真正实现了通过移动带动互动，让人们随时随地分享信息，随时随地促成良性购买。

联想更是通过移动终端，将客服服务和售后服务在微信平台中得到落实。消费者不仅可以通过微信平台快捷便利地获取售后信息，还可以通过会员中心进行信息查询。而及时的保修功能更让消费者省去了后顾之忧。对消费者来说，除了购买之初的选择恐惧外，购买后的答疑解惑也是一个重要的过程。联想通过搭建透明化的微信服务平台，势必有效提升消费者的购物体验，全面提高品牌的美誉度。

实战建议

病毒式传播拥有惊人的扩散能力，在网络上往往能率先刮起一场新的风潮。但是，单靠口碑传播的病毒营销，传播速度快，传播周期短，其实不大适合品牌和产品的长期建设。想要从根本上强化美誉度的建设，不能急于一时取得效果而忽略其微信平台的基础性建设。

1. 加强服务性功能

病毒式营销基本依靠口碑传播方式，在信息传输上不免具有单一性的弊病。造成用户只闻其声，无法形成良好好用户体验。在微信平台的运营中，企业主可以将多元的服务信息移植到平台的每个板块中。移动互联承载的微信平台往往更适合于即时性信息的发布。而即时性的信息查询、积分兑换、在线客服等可以实现实时通讯的业务平台，在微信中都能得以尝试。

2. 避免单一化的信息传播

病毒式营销方式由于其传播的迅速性及点对点的针对性，受到许多商家的青睐。在微信营销中，最佳效果自然是将口碑传播运用到微信平台中。其实，两者之间并不矛盾，在微信平台确实能实现口碑传播效应。例如晒单互动就是很好的互动口碑传播途径。

电子邮件营销：应用条件有限制

电子邮件营销是通过互联网将广告信息直接投放到用户的电子邮箱中。据数据统计，每天有超过70%的网民使用互联网，企业间通过电子邮件收发文件早已经成为日常工作中的一部分内容。电子邮件由于覆盖面大、投放精准、价格低廉，一直是企业主长期采用的营销方式。需要注意的是电子邮件的发送一般需要事先征得收件人的同意，企业主尤其要避免滥发垃圾邮件，给企业形象带来负面效应。另外，电子邮件由于其应用条件的限制，需要一定的网络设备才能接受查看，并不能像传统信函那样反复审阅。而微信在首次阅读后即可自动缓存到手机上，在技术和用户体验方面比电子邮件都有所提升。

Sample A：肯德基三人篮球赛

从2004年开始的肯德基三人篮球赛由于良好的社会效应和采用明星代言，持续被社会所关注。作为肯德基的大型运动公益活动，肯德基在活动期间全力加大宣传力度。在比赛期间，肯德基开通“三对三”的微信平台，全程提供赛事的信息支持。用户回复任意信息即可开启三对三赛事之旅。用户与微信平台的每一次对话，都被系统默认识别为“传球”的过程，利用篮球独特的话语方式进行互动，让运动精神在微信对话中也能得到淋漓尽致的表现。另外，微信平台还会提供赛事相关信息的预告，提示用户对比赛持续关注。

肯德基“三对三”三人篮球赛最新赛报微信来答

Sample B：可口可乐轻松一刻

可口可乐的官方微信平台在微信上持续强化其品牌效应。从内容编排上来看，营销中一向以互动见长的可口可乐似乎并没有显现出太多的优势。而

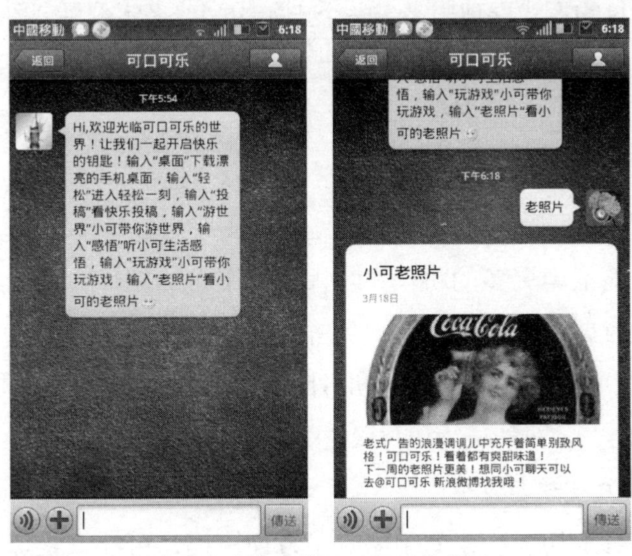

专注于企业文化的可口可乐微信平台

专注于企业文化的可口可乐微信通过文字输入，用户可以进行桌面下载、轻松一刻、投稿、游世界、感悟和游戏等活动内容。如果用户输入“老照片”，还可以看到可口可乐的经典海报，重温世纪老品牌独特的魅力。

案例解析

由于电子邮件受内容所限，其页面一般只能投放平面的信息内容。而微信平台多样化的信息传输，让用户更能产生丰富的体验。信息时代的行业分工不再鲜明而彻底。相反，行业界限的不断模糊，使其整合力量越发强大。对于广告营销来说，正越来越多地运用跨媒体的平台，谁的广告更加新颖有趣、吸引眼球，就更能获得消费者青睐。

以上两个案例都是非本土化企业在中国扎根的鲜明标志。肯德基为了将三人篮球赛打造成企业的标志性活动，特设一个专属微信平台用于活动的传播和宣传。当企业进行大范围的活动策划时，可以考虑建立一个独立的微信平台，进行专项信息的采集和发布，以此提高活动的影响力。

而在可口可乐的官方平台上，我们虽然没有看到异彩纷呈的活动，但其案例中最值得企业主思考的是：如何将自己的企业文化和品牌价值以消费者喜闻乐见的形式展现出来。一个忠实的消费者不仅关心你的产品，同时还关心你的企业，关心企业发展的历程。而透过企业文化，企业就有机会迈出向社会传递正能量的第一步。

实战建议

怎样才能汇聚更多的粉丝，增加微信平台的黏性，从而将潜在的消费群体转化为实在的消费群体？要在微信平台上确立与用户之间的良好关系。越来越多的用户通过智能手机登陆微信获取信息、结交朋友，只有深入用户的内心，才可能成为用户微信中的好友。

1. 与用户“谈恋爱”

多数人对于淘宝购物的印象除了方便快捷，可能就是那一叫百媚生的一声“亲”。人们之间的交往衔于网络，也疏于网络，而一句亲切的问候自然地打破了屏障。在微信平台的开发过程中，企业不妨抱着与用户谈恋爱的心态来操作。你面对的虽然是冰冷的电子设备，但是它的背后却是一颗颗热诚期盼的心灵。微信不仅是一个供企业营销的平台，同时也是企业面向消费者的一个社交平台。为消费者提供好产品，为消费者输出好服务，才能赢得消费者的信赖与支持。

2. 做用户的“跟屁虫”

消费者的需求在哪里，我们的满足就在哪里。微信平台所提供的定位功能，在很大程度上为人们建立了地缘之间的联系。消费者发送自己的位置，通过网络验证即可取得通往商家的最佳线路。微信类似活地图的导航功能充分链接了线上线下，打通了各个营销环节。除了地缘定位外，微信平台还要发掘用户潜在需求，尽量开发能造成黏度的功能如叫早等提示性功能，或创造可能发生持续关注的热点话题。

3. 不用盲目赶时髦

除了利用热点话题借势而行之外，企业主也要注意开发具有独立意识的微信平台。每个企业微信账号都应该有属于自己的个性。而其整体的调性也应该符合其商品和品牌属性，企业微信平台应时时刻刻印有自己的品牌胎记。企业可以在微信中建立自己的话语体系，从形式上给用户以直观的体验。很多企业的微信平台都会以昵称的形式出现，就是很好地将企业拟人化的做法。

博客营销：需要有足够的粉丝才能达到传播效果

利用博客平台，发布包括作者兴趣、爱好、个人知识、生活体验等内容，从而达到宣传商品目的的活动，就是我们通常所说的博客营销。博客相对于其他网络平台来说，内容承载量大，人群具有固定性。虽然单个博客的受众范围并不大，但是其稳定性是其他平台无法比拟的。但就其传播效果来看，只有当博客拥有一定数量的粉丝，才能达到良好的传播效果。而微信中的朋友圈通过分享功能就能轻松地将一篇好博文迅速在第一时间与微友们进行分享。

Sample A：啤酒节的时时互动

随着盛夏的到来，由烤肉、啤酒组成的仲夏夜正向大家袭来。深受大家喜爱的青岛啤酒节如期举行，2013年啤酒节特别开设了微信平台。从平台开放之日起，抢先注册的200名用户即可获赠啤酒节门票。身临啤酒节现场的用户通过回复“天气”、“日期”、“吉祥物”等关键词，可以收到关于啤酒节当天的天气、热点新闻等相关信息。在部分主要场馆输入“地图”，就能轻松获得该馆的地图，周围卫生间的位置也设有特别标注。

"青岛国际啤酒节"可随时了解啤酒节现场动向

Sample B：统一奶茶遇见好心情

统一奶茶的微信平台根据其产品属性，主打"好心情"作为其鲜明标签，具有很强的识别度。"统一奶茶好心情"微信平台，主要分三个板

统一奶茶：微信也有好心情

块，分别为星座奶茶、大好心情和活动咨询。“星座奶茶”以星座为主题进行内容编排，主要设置了星座漫画、星座运势、星座表情和寻找星座故事主角等几大板块。在“大好心情”中设置了咨询、商品、彩绘向日葵、好心情之星和向日葵舞等几大娱乐板块。而在“活动咨询”中，则设置了活动预告、地点查询、积分查询和呱呱乐等几大内容。

案例解析

在传统的博客平台中，博文一般给消费者提供经验性的体验分享。其传播效果在很大程度上依赖于博主的粉丝数量。其次，博客在形式和内容上都有很大的局限性，多以文字为主，容易形成冗长篇幅，很难调动起消费者的兴趣。且博客偏于单向信息传递，不易于形成与消费者的良性互动。以上两个案例中，企业通过发掘自身平台的独特性，使得其企业平台具有很强的识别性。

青岛啤酒节作为已经具有一定知名度的成熟节庆互动，其微信平台从创建之日起在知名度上就具有先天优势。然而对于具有全国知名度的活动，微信平台也需要显示出相应的匹配度。青岛啤酒节的微信平台不仅承担着简单的互动平台功能，同时也承担了啤酒节现场服务功能，例如现场信息收发、活动流程通告、电子地图查询等，可以说其微信平台的存在高效地提升了啤酒节的服务水平。它既作为电子志愿者存在，同时也给消费者带来了更多的信息来源。

统一奶茶则延续自己的产品特质，极力进行“遇见大好心情”的深入互动。将产品形象结合广告宣传和公关活动及现在的微信平台，做到“一以贯之”的深化宣传，集中力量确实是高效率的宣传方式。在“好心情”的传播互动中，其微信平台找到了很好的借力载体，即“星座物语”。将年轻人喜闻乐见的星座内容融入到平台下，通过运势查询等互动栏目的功能，大大增强了用户对其微信的黏度。

实战建议

微信和其他传播平台一样，衡量其传播价值最直接的指标就是关注粉丝量的多少。因此，经营微信平台最基本的做法就是从粉丝数量开始，进行有计划的增量。有足够的粉丝，才能达到规模化效应。

1. 不做大而全

很多企业在进行微信平台内容的设定时，往往希望通过大而全的信息来换得消费者的认同和关注。作为企业，如果不打算成为微信中的门户网站，那么大可不必让自己的平台内容过于纷繁。针对企业的品牌调性，做好与之相符的信息发布即可，我的建议是做专业平台而不做大而全的平台。

2. 如果不是“白富美”

如果我是一个专业属性很强的企业，不像快消品那样能时常出现在人们的视线中，也没有很多社会性活动为自己的品牌做先期的人气积累，那么我的微信平台要不要做？答案是肯定的，肯定要做。很多企业认为，既然自己是小众产品的提供者，那么大众的品类普及教育本来就不是分内之事。然而企业的无形资产也是促进销售和企业存在的必要条件。企业完全可以借助微信平台从点滴开始积累用户，逐步累积在消费者群体中的良好口碑。

3. 找到企业的“大日子”

人与人之间的差异是普遍存在的，对企业来说，由于微信平台起步不同，其微信平台的经营状况也不同。在传统的营销活动中，企业惯用的手段经常是借助于节庆为自己的平台造势。而在微信相对封闭的平台内，高度重合的信息资源往往不能引起消费者的关注。那么，在企业微信资源相对有限的情况下不如另辟蹊径，集中力量维护和搭建好自己的平台微信平台。甚至可以利用好企业自身的节点进行节日营销，找到自己企业的“大日子”，其效果好于盲目跟风的节庆营销。

CHAPTER THREE

第三章 <<

玩转微信功能，让营销变得快捷又有效

互联时代让我们的生活和工作效率大大提升。而在微信平台内，朋友群内信息共享，分享链接可实现网络跳转，微信支付便捷快速，一个从口碑到二次传播再到购物一体化的闭环就这样呈现在微信平台中。企业玩转微信，不仅能够实现长期有效地与消费者直接对话，同时在有趣的互动环节中能将营销的效率迅速提高。

微信签名：让简单的签名栏变成移动的“黄金广告位”

在微信签名栏上写上自己的签名，已经成了很多人的习惯。这里可以写上自己的心情，或者写一些让自己有感悟的话，聪明的商家也瞄准了这宝贵的“一亩三分地”，在这里打上了自己的广告，让简单的签名栏变成移动的“黄金广告位”。

签名档简单明了地阐释了权威的合作平台

Sample A：白菜价玩转东南亚

单看这个微信名称，就能让人明确了解到该微信平台的内容和服务项目。一句话的签名档能够有效传递其功能性的内容。对用户来说，签名档是其与微信平台沟通的第一窗口。“白菜价玩转东南亚”的签名档将众多旅游网站逐一罗列在此，很清楚地交代了自己微信平台的信息来源和内容覆盖，简单明了地给用户持续关注的理由。

Sample B：最IN的时尚分享

“美丽说”利用微信签名栏把每个季节

最流行、最时尚、最个性的服装、包包、鞋子、饰品等展现给用户，告诉用户怎样穿衣搭配最美。这个功能让用户及时看到了服装信息，学习实用的搭配技巧，因此吸引了众多粉丝。

"美丽说"微信签名档简单明了的功能介绍

案例解析

从上述案例可以看出，微信的众多功能中最能体现其网络营销价值的就是位置签名栏。尤其是微信可以通过"找朋友"的辅助功能，快速精确地定位周边可以到达店面的潜在微信消费群体，而且在LBS（K）的辅助下，在微信"朋友们"选项中，用户可以根据自己所在的地理位置查找到附近的其他微信用户。精确定位让这些签名档广告的投放变得有的放矢。企业如果在微信中投放优惠、打折信息就会起到事半功倍的效果，起到很好的营销作用。

基于此，现在各大品牌也纷纷利用微信签名栏来推广自己的产品，比如租房、休闲娱乐、餐饮、订酒店等。微信能够解决的问题越来越多，覆盖了越来越广的行业。而且微信能免费使用，使企业在零投资的情况下只需利用签名传达出企业信息就可以收到高回报，这也使得微信成为微时代营销工具中的佼佼者。

我们不妨做一个这样的假设：如果企业找一批员工在后台24小时地运营微信，再找几个人到人流最旺的地方玩一圈，这时候如果玩“查看附近的人”这一功能的人足够多，而大部分人都看到了你在签名栏置放的微信广告，那么效果不会比投放在户外的大广告牌带来的影响力小。并且，随着微信用户数量的节节攀升，这个简单的签名栏广告将会变得更流行、更有价值。

实战建议

在介绍完商家利用签名栏打广告及签名栏打广告的非凡营销力后，教大家一些实战技巧。在观察了众多商家的微信营销实战情况后，我们总结出了如下技巧。请打开您企业微信的签名栏，使之处于编辑状态，然后按如下技巧进行修改。

1. 签名栏的设计要和企业产品或品牌本身息息相关

企业签名栏的设计要和企业的产品或品牌有关，并且要链接到自己公司的网址。这样，以后的每一个回复或每一个发帖下面都会带有公司网址的广告。这样才能达到好的宣传效果，这是非常关键的做法。

2. 借鉴营销效果好的企业的做法

如果你的企业也通过签名栏打入了广告，但效果并不理想，就需要多多借鉴他人的方式，看看其他企业是怎么写的。他人的做法可能会给你带来很多灵感，也能让你学到不少专业知识。

3. 位置偏远的店铺更适合微信签名栏营销

利用签名栏位置打广告常被称为“草根一族的营销方案”，因为这种营销方式其实很适合许多位置不佳的店铺。因为在通常情况下，如果店铺位置不够显眼，顾客群就会少，但利用微信“查找附近的人”，在签名栏里打上一些吸引人的信息，就能招揽一批人，带来旺旺财源。

4. 用吸引人的签名把接收到信息的人转化为你的顾客

让“附近的人”接收到你发的信息不难，关键是他们是否会被你的签名所吸引，这就跟钓鱼一样，需要你在签名上把“鱼饵”展示出来，“鱼饵”可以是一些打折活动，也可以是一些进店送礼品、进店抽奖之类的信息，让接收到信息的人觉得有利可图，这样他们才会乖乖上“钩”。

自微信推出“附近的人”查找功能后，独具慧眼的商家已经将营销的触角扩散到地缘边界中。而查找“附近的人”是传统叫卖式营销的现代升华，将网罗店铺附近消费者变成一种可能。将营销信息覆盖致千米范围内的所有潜在消费者，对于消费额的提升确实大有裨益。

Sample A：时尚女装“77的店”

一家一百平方米的小店林立在繁华的商业街角。虽然占守黄金地段，但是主街区的后身很容易成为消费者忽视的盲区。“77的店”借助微信主动推送消息，将地缘劣势最大程度地转化为优势。“77的店”通过查找“附近的人”，以打招呼的方式建立起与消费者的初次沟通。当时尚达人

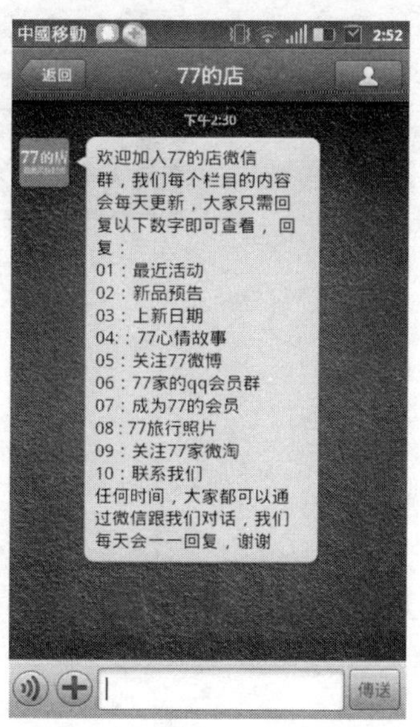

通过位置查找进行“拦路”促销

们漫无目的地在附近商业街上闲逛，不经意间收到77的店的推送信息，不由地让买家调整了自己的路线，很快吸引至77的店，淘到自己满意的时装。

Sample B：阿牛与仙草的圣诞时光

“阿牛与仙草多重好礼，伴您狂欢圣诞。”正在逛街的小希和她的小伙伴们通过查找“附近的人”，找寻到了自己周围300米内的甜品店“阿牛与仙草”。通过添加好友，和朋友圈内的信息分享，小希和她的朋友们获得了这家店的赠品和优惠券。“查找附近的人，可以最快时间内找到周围的甜品店。还能很快地货比三家，省了时间还节约了体力。”小希高兴地对甜品拍着照片，随即就在朋友圈里发布了分享。

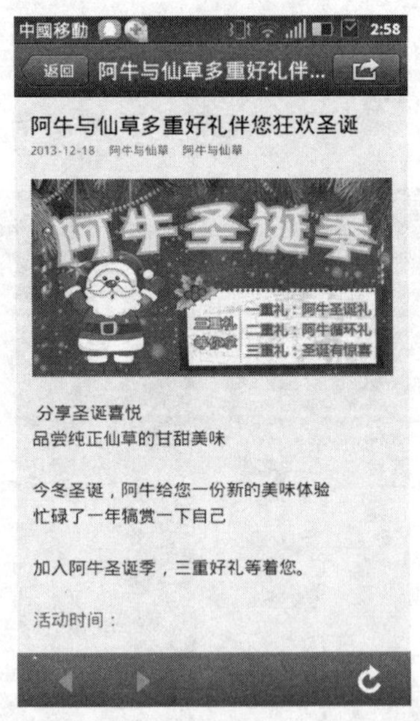

“阿牛与仙草”圣诞狂欢，分享有礼

案例解析

以上两个案例都是店铺业主通过运用微信查找功能，精准定位目标受众，最终拓宽了品牌信息的传播途径。查找“附近的人”其实是传统的吆喝式营销与现代信息技术的融合升级。在吆喝叫卖的营销时代，店家通过叫卖吆喝招徕顾客。尽管点对点的叫卖时代已经过去，然而通过互联网络主动推送信息仍然是争取消费者的重要手段。查找附近的人在与消费者的初级互动中，实际相当于传统营销中的一句“走过路过不要错过”。当消费者进入店铺林立的商场中，查找附近的人实际上就是将个体或企业作为地缘坐标，树立地标性的消费导航工具。

通过“查找附近的人”扩大消费群，实际上就是把“路人甲”转化为自己的消费者的过程。很多企业在市场运营过程中常常不知道如何切准自己的目标消费群。当然每种营销方式都有其不同的针对群体。微信“查找附近的人”功能就是一个在空间范围内开展营销的良好手段。两个案例中值得我们注意的有两点，一是要确立微信的营销的空间概念，二是当潜在用户关注了自身的微信账户以后，如何在第一时间就将对方转化为实在的消费者。微信作为移动设备客户端的应用，受众本身就处于行进或短暂休憩的状态，如何用最轻快明朗的方式吸引受众，也是商家应考虑的。

实战建议

微信作为即时性通讯工具，对信息传输有很强的要求。从用户唤醒到用户关注，再到用户黏度的提升，每一个步骤都需要微信团队进行配合。那么在抢夺“路人甲”的大战中，如何有效地进行微信营销呢？下面就和大家探讨几个成型的方案，以供实际操作中运用。

1. 建立微信定位的空间概念

“查找附近的人”，始终是作为微信平台下的空间概念而出现的。换句话说，“查找附近的人”对商家来说是一个流动的地标指示牌。对消费者来说则是一个移动的平面坐标地图。商家要将其作为自己在网络汪洋中的地标性建筑进行精心维护，要进行长期维护和推广。通过商业合作，增强其定位的频次，最大程度地完成用户唤醒的过程。如“微信沃校园”帐户就通过商业合作，大幅度提升了其公众账号的出现频率，唤醒了周围的用户。

利用“附近的人”功能可通过位置查找精准定位人群

2. **把握适当的信息推送时机**

当用户被成功唤醒，成为商家的关注用户后，此时一个贴合消费者心理的微信简历就显得十分重要。一个突出个性的头像，一段或意味深长或诙谐幽默的个性说明也是不可或缺的。更重要的是，在与用户的初次沟通中，要鲜明地输出企业微信的核心信息。由“查找附近的人”转化而来的用户通常具有鲜明的消费目的，因此要把握信息推送的最佳时期。“韩在熙福今店”的账号信息就让人们能够清晰了解店内品类和地址，有效促进了用户关注。

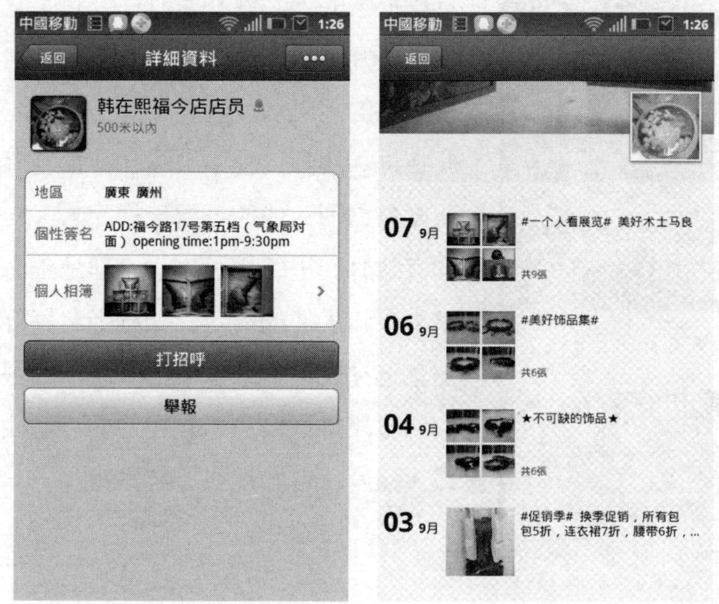

"韩在熙福今店"在微信朋友圈上传的即时信息

3. 集中传递商家的核心信息

对于通过"查找附近的人"增加的用户，商家要在第一时间向其输出自己的核心信息。根据实际行业属性和商场外部环境，尽可能地提供与之相匹配的个性信息。用户对商户微信的关注度很可能在几秒钟内做出判断，因此，通过促销等信息传递，第一时间避免用户流失是很有必要的。"微信沃校园"对通过这种方式吸引的用户推送的首条信息，采用咨询归类的方式传达整体信息，使人一目了然。

微信沃深入校园市场

4. 信息更新及时可提升黏着度

通过"查找附近的人"关注企业微信，

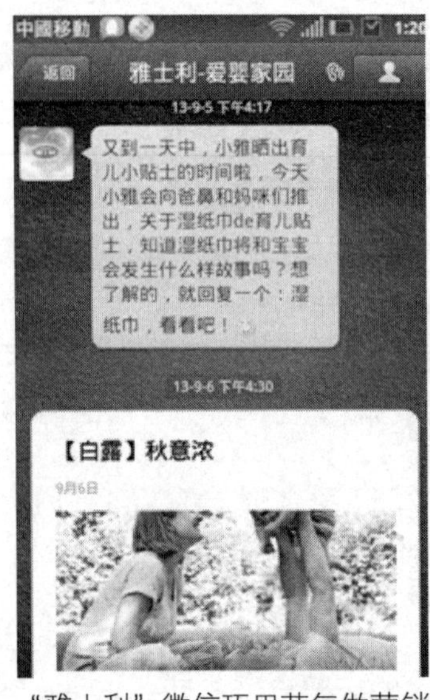

"雅士利"微信巧用节气做营销

具有很强的偶然性和暂时性，因此使用该方法吸粉并不是一劳永逸的。用户可能是为了暂时性的需求而成为企业微信的关注者。因此在维护用户过程中，增加其黏度就成为企业微信力图达成的重要目标。内容的相关性和有效时间里的周期推送，都是微信发布信息中应该关注的内容。如雅士利每日的贴心信息选择在下午茶前后的时间，占用用户的空闲时段推送信息，将用户的互动性激发到最大程度，有效加强了其黏着性。

"漂流瓶"营销：帮助商家推广营销广告

可以说，"漂流瓶"在微信中扮演着"海里捞"的功能。简单说，"漂流瓶"就是通过"扔一个"、"捡一个"的操作完成的交友功能。"漂流瓶"并非微信首创，而是腾讯QQ空间功能的延续。用户可以通过语音或文字编辑，进行"漂流瓶"的发送。同时也可以通过拾捡"漂流瓶"的方式，来邂逅微信上的有缘人。而企业如果在微信中开展"漂流瓶"活动作为网络线上活动的延展，也极具亮点。

Sample A："漂流瓶"也能献爱心

用户通过"漂流瓶"或"摇一摇"功能，都可以参与到"招商银行点亮蓝灯"活动。招商银行在"漂流瓶"中延续爱心传递的线上公益活动，用户通过捐出祝福即可获得招商银行发出的积分。积分累积到一定的数额，招商银行便会通过“微慈善，小积分”板块对自闭症儿童进行捐赠。参与活动时轻松回复即可以获得企业的捐赠，参与方法简单灵活，大大提高了用户的参与度。

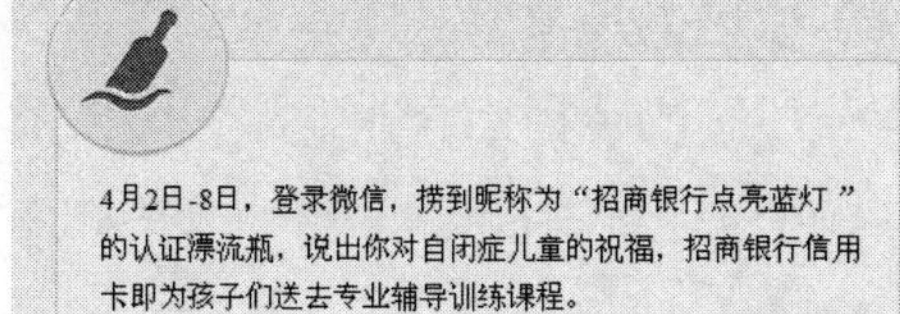

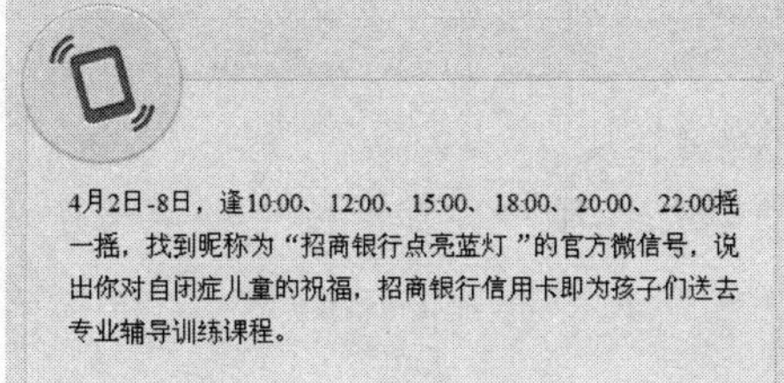

拾到“漂流瓶”，请微友献爱心

Sample B：都市大冒险

比起系统性的“漂流瓶”开发来说，在“漂流瓶”中进行话题传递也是一种成本低且操作性强的互动模式。以“都市大冒险”活动为例，通过趣味话题抛出“漂流瓶”，用户之间很容易形成二次的自然传播。“漂流瓶”以接力棒形式依次传递，具有很强的话题性和参与性，具有与病毒传播同等的效力。同时，借助“同城”作为地标联络线下活动，扩大活动范围。

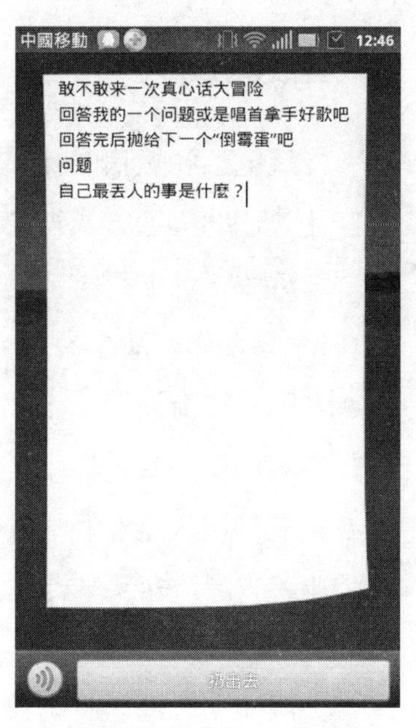

和“漂流瓶”一起“真心话大冒险”

案例解析

微信朋友圈功能的设定，是针对熟人圈落发布封闭信息。而“漂流瓶”功能的增添是对微信封闭交际圈的有效扩充。漂流瓶随机的传递功能能够有效地达成陌生人之间的社交网络。“漂流瓶”包含的信息容量大，且容易形成自主传播。在内容上深度挖掘用户所需，就能形成具有强大传播生命力的话题和互动形式。

招商银行微信的“爱心漂流瓶”活动经过简单的操作方式，就可以让用户为自闭症儿童献上一份爱心。“漂流瓶”平台的“微公益”尝试为企业打开了一个全新的公关平台。“漂流瓶”的传播由企业发起，而传播主体却由用户自我完成，是一种更为新颖的形式。同时，以用户为传播原点，更容易被其他用户接受，增加信息传播的有效性。

而“都市大冒险”举办的漂流瓶活动，更像是一种微信平台内新型社交方式的尝试。这种开放式话题的引入，之所以能够吸引众多的用户主动传播，就是因为其本身传播内容的不确定。这种不确定的内容实际上是由用户二次加工完成的。其传递方式简单有趣，利用微信传播信息具有即时、方便、快捷等特点，不会像传单一样让客户产生本能的拒绝。

实战建议

传统电话和短信的社交时代已经逐渐离我们而去。新时代的社交生活不仅让人们的沟通方式得到优化，更重要的是拓宽了社交平台。如何用微信“漂流瓶”玩出花样、玩出传播效力，是值得企业思考的内容方向。

1. 微力量，微慈善

借助“漂流瓶”，企业可以有针对性地进行公益信息投放。上述招商银行的案例就向我们展示了微慈善的发展潜力。“漂流瓶”的形象感和互动方式尤其适合企业利用其平台进行公益活动的尝试。在实际操作中，建议企业将“漂流瓶”平台作为企业公益和社会责任展示的公共平台。

2. 击鼓传“话”

“漂流瓶”的信息传递正像一个线上版的击鼓传“话”活动。在“漂流瓶”内容的创建上，要最大程度地发掘有加工性的话题。尽量选取具有延展性的话题，何为延展性？举个简单的例子，我们熟知的“成语接龙”

游戏，就是具有延展性的活动。接力的形式能够将参与话题讨论的人群壮大，使之最终成为具有很强病毒性的传播话题。

3. “真心话”大冒险

说出“真心话”的“漂流瓶”话题也是具有很强传播力的。比如“今年情人节，你买了什么牌子的巧克力？”这种简单的话题，容易引起用户的兴趣和共鸣。“漂流瓶”的传播有长久的延续性，其辐射能力强，往往会让话题直达消费者身边。考虑到消费者的年龄偏好，这类“真心话”话题更适宜于年龄较低的中青年消费者。

微信支付：比支付宝、拉卡拉更快捷

微信应用中最直接的商业化结合就是微信中的支付功能。微信试水支付功能，意味着微信有可能成为电商一争高下的平台。用户通过微信平台获取商家的相关促销信息，决定下单购买，最终实现确认消费。从获取信息到最终促成购买的一切购买流程都可以在微信平台上得到实现。如果微信支付进行大规模推广，就有成为最大的移动支付市场的可能。面对如此巨大的微信支付市场，聪明的商家早已经按捺不住，争抢市场先机。

Sample A：麦当劳会员特权

首个开通微信支付平台的麦当劳，在形式和内容上都对后来的企业具有示范作用。用户通过关注麦当劳微信平台，进入“会员卡特权”专区，即可获取麦当劳专区优惠的产品信息。在试水微信支付初期，麦当劳仅以3元的茶点券作为尝试。用户直接在微信上购买产品，可以用财付通或银行卡支付两种形式并取得“茶点券”。然后，在麦当劳实体店出示“茶点券”即可享受店面优惠。

麦当劳微信会员尊享折扣

Sample B：兴业银行温馨服务

不仅是普通商家，就连金融银行业也逐渐进入了微信平台，开始其支

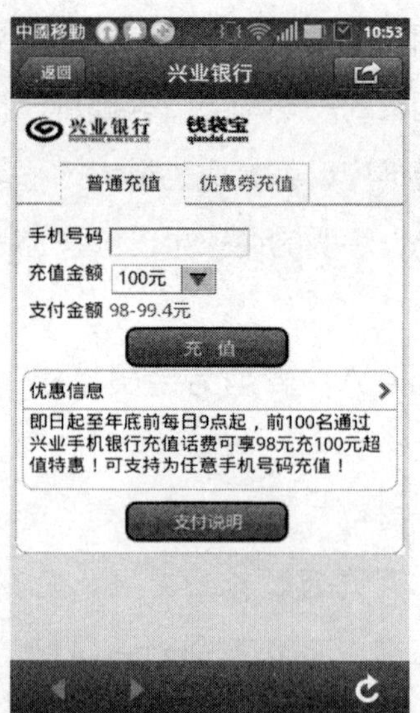

登陆兴业银行进行微信线上支付

付功能的尝试。兴业银行就将部分电子功能转移到微信平台中，同时拓宽了电子支付的平台功能。不仅可以实现日常查询和转账等支付功能，也可以直接进行电话费的充值购买。通过兴业银行支付平台，前100名支付的用户，还可即刻享受到特惠价格。

案例解析

在微信5.0平台之上，更多的支付功能都得到了进一步开发。我们看出在麦当劳的初期尝试中，不仅包含基础的支付功能，更有促销功能的最大限度发挥。在交易平台实现的不仅是微信支付功能，商家出售的并非是直接的商品，而是优惠券。以优惠券带动消费者的二次消费，往往比直接购买商品能够带来更大的销售促动。

如果说商家尝试微信支付，只是试水性的尝试，更带有促销和体验性质。而当连银行也在其微信平台上积极拓展支付平台的时候，我知道各位企业家们也早就坐不住了。微信平台上的支付功能可以说是与销售关联性最强的一项功能。如果微信支付功能能最大程度地得到推广。微信平台将有望成为最大的移动终端支付平台。

当专业的金融平台——银行都参与到微信支付大军当中，这绝对超出了玩票的性质。微信支付平台有了银行的加入，就显示了其野心勃勃的商业企图，也给更多的电商带来了巨大的空间市场。从消费信息的获取，到支付平台的搭建，微信正在建立一个自给自足的新商业平台。微信未来商业圈落的逐步完善将吸引更多的企业主入驻其平台，从而也带来随之蜂拥而至的潜在消费群。

实战建议

智能手机所带来的技术革命早已经翻天覆地改善了人们的生活。各大开发商也在积极探索手机支付功能。各大商家在手机上的大做文章，手机钱包、手机羊城通等都已经陆续进入试水阶段。微信的巨大用户使得微信

微信支付方便多

支付功能具有极大的市场潜力。那么，如何实现将信息宣传与预订销售都浓缩在同一个微信平台中，从而打通销售环节，具有重要突破性。

1. 做好信息铺垫

从信息发布到下单购买，整个流程都在微信中完成，商家要充分做好各个流程间的接洽。所谓信息铺垫，即是在微信支付的每个环节当中，渗透微信促销的内容。将每个环节都与销售相连，将时时互动和促销活动紧密相连。消费者进入到微信平台，便可即时获得最新的优惠动态。让优惠信息覆盖和销售浑然一体，使得微信支付成为满足消费者移动购物的最佳体验平台。

2. 投放促销“诱饵”

在微信中积极渗透企业的促销信息，加大优惠力度，是在微信中吸引用户的好方法。促销投放有几种方式，可以是全覆盖式投放，也可以是定向投放，甚至可以是定点投放。全覆盖即是通过微信平台，向所有用户发送信息，只要登录微信平台，就可以参与优惠活动。定向投放即是设立一定的参与门槛，用户往往需要参加问答竞猜等形式进行才能获得优惠政策。而定点投放就是根据时段进行集中性质的促销发送，时间一到就停止优惠活动。

3. 傻瓜式操作

在微信支付中，简单便捷的操作方法必不可少。如果在支付过程中设置过多的阻碍，就可能造成用户没有耐心完成交易。反复的交易确认可能会引起用户的流量流失，造成交易终止。因此在微信支付平台上要注意的是，尽量选取傻瓜式的交易形式，让用户在短时间内能够完成操作。轻松便捷的支付方式才能给用户带来方便的支付体验。

微信扫一扫：借助微信公众账号，和消费者互动

“扫一扫，扫出新世界”，这是微信5.0问世后给人们带来的全新体验。微信扩大了“扫一扫”的功能范围，将以往扫描的二维码功能延伸至扫街景、扫条码、扫封面甚至是翻译功能。以扫街景为例，在5.0中只要用户用摄像头对准建筑物，结合定位功能，即可识别出建筑物名称。一旦将更多的数据信息移植到街景中，比如商铺的消费信息和促销信息，线上与线下信息就能迅速整合，开创一个全新的购物体验。

Sample A：优衣库扫出缤纷好礼

优衣库开启了“微信扫一扫，好礼缤纷赢”的活动，在活动期间通过扫描二维码，即可添加关注，同时有机会获取缤纷大礼。与微信合作是优衣库线上市场的重要举措，优衣库“线上排队”曾受到用户广泛关注。为了推广微信，优衣库在其网店及终端门店销售区域的宣传海报、宣传单页、易拉宝、宣传台贴纸等宣传物料上都添加了二维码标识，通过大力度的曝光，全面推广扫一扫二维码，以提高用户关注度。

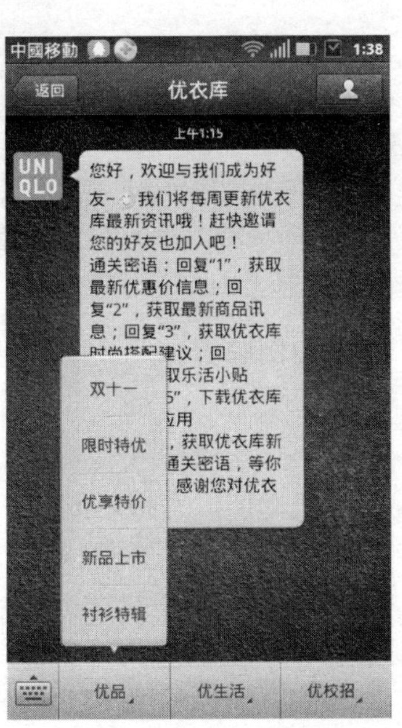

优衣库微信获得线上最新优惠

Sample B：宝马车扫出优惠

最近汽车商业开始玩起了“扫一扫”：汽车频频推出自己的微信，只要扫一扫就能获得商家送出的精美礼品。在东莞车行中，各大品牌车上正上演一场扫一扫营销大战。在厚街骅宝宝马，只要用户关注其微信账号，转发制定图片，在朋友圈获取一定数量的“赞”，就可以获得相应优惠券，而这些优惠券都可以在实体店内换取精美礼品。

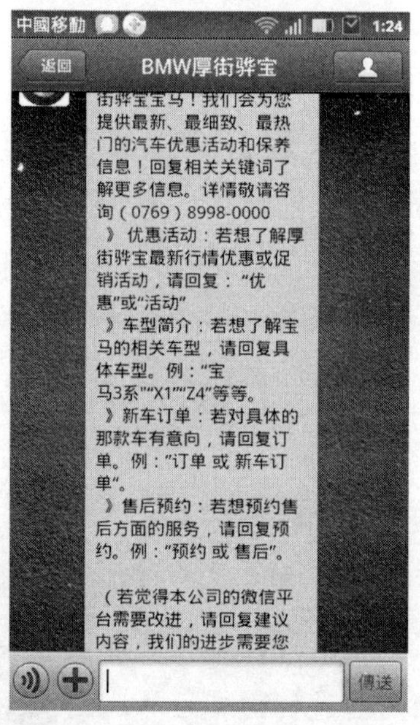

宝马车优惠扫一扫

案例解析

微信5.0新版本的更新，最大程度地与web2.0时代相呼应，强力提升其交互式功能。升级后的“扫一扫”提升了以往只局限于平面的功能，在微信平台通过新的“扫一扫”，即可打通线上、线下的多重信息。现在我们看到较多的都是商家利用基础的扫扫功能互动，即常规通过扫描二维码进行关注与竞猜，最终获得奖励。这种简单易行的方法也是大多数商家都能普遍接受的方式。

优衣库“扫一扫”功能，是通过全面覆盖的方式来获取关键用户群。具体的操作方式是，通过宣传海报、易拉宝、宣传册、宣传台贴纸等终端物料，在用户接触的全触点进行二维码推送。通过二维码“扫一扫”的方式，提升微信平台的关注度。优衣库“扫一扫”的模式，可以作为范本供企业参考。并非过多的技巧性装饰，通过大范围的二维码覆盖和适宜的产品促销，有效地提升了微信平台的关注度，同时简洁、方便、易操作。

而车商试行的“扫一扫”，更具有很强互动性的特点。二维码甚至可以出现在车体周围。通过“扫一扫”，眼前的车辆即可通过微信与用户互动，其实更是充当了一个客服人员的身份。同时，通过线上的晒单，将促销活动范围从线下传递到线上。而线上朋友圈内的咨询分享，更是信息二次传递的过程。从产品信息发布到促销信息传递，到实体店礼品的获取，从线下到线上，再从线上返回到线下，整个互动过程都通过微信作为线索来链接。

实战建议

新版微信发布以后，更多商家对于微信新功能跃跃欲试。而扫一扫功能也很快得到了大家的关注。其强大的外延功能让更多人期待在微信平台上能够大展拳脚，进行更大范围的商业合作。扫一扫新功能确实值得适合企业钻研和开发。

1. 全面覆盖，以奖动人

不同企业在宣传投放过程中，都有自己的成本控制。因此，企业完全可以根据自己的实际情况选择适合自己的运营方式。一般来说，全面覆盖、以奖动人是比较普遍的策略方式。像案例中优衣库采用的方式，先通过全面覆盖的方式，增加与为企业微信平台与受众接触的范围。随即通过以奖动人的方式，给用户以直接的利益刺激，促进其平台人气增长。

2. 活动不断，惊喜连连

如果我们将微信平台的操作分作“规定动作”和“加分动作”。那么，通过二维码覆盖和设奖动人是“规定动作”。企业可以结合新功能，进行大胆的扫扫尝试。例如车商们将微信分享与扫一扫紧密相连，通过晒图等形式进一步扩大受众群体。将线上线下活动进行无缝链接，进一步加强了互动形式的多样性。

3. 紧密带动销售

归根结底，如果微信能够带动关联销售，也就可以晋级到最终的销售目标。基于传统的扫一扫功能，英茂别克开启了微信新玩法。通过扫一扫，其微信平台不再简单地承载加关注的功能，而是变成了一个强先注册的竞赛工具。通过微信扫一扫，用户既有机会有限抢占车展中的优惠席位。而别克的“扫一扫，抢车位”的活动也成为别克车展点亮“车展前夕黎明灯光”的主题策略活动。

微信摇一摇：商业机遇就在“附近”

微信平台所开发的“扫一扫”、“摇一摇”、“查询附近的人”等功能，都是基于用户的地缘性特点而开发的具有针对性的功能。虽然三者都有利用地理便利进行互动的功能，但三者之间还是具有明显的功能差异。“扫一扫”一般是针对宣传物料的二维码投放而设置，而“查询附近的人”更适宜实体门店的互动。“摇一摇”就可以针对小范围短距离的互动，例如一些参与用户密集的现场抽奖活动等。

Sample A：碧桂园微信现场抽奖

在碧桂园公园1号的开盘现场，商家采用微信“摇一摇”的方式，现场启动抽奖活动。“微信摇一摇，IPADMINI大抽奖”，每周一次的Ipadmini派送，都吸引了众多用户前来参与。奖品分为5个级别，随着现场活动的推进，产品依次派发给在场的用户。主持人宣布开始抽奖，现场数百名用户一起摇动手机，场面活跃热烈。除此之外，没有在现场中抽取大奖的朋友还可以通过拍照，将活动信息发送至朋友圈，获得精美礼品一份。商家超大的派奖力度最大程度上加强了活动的参与性。

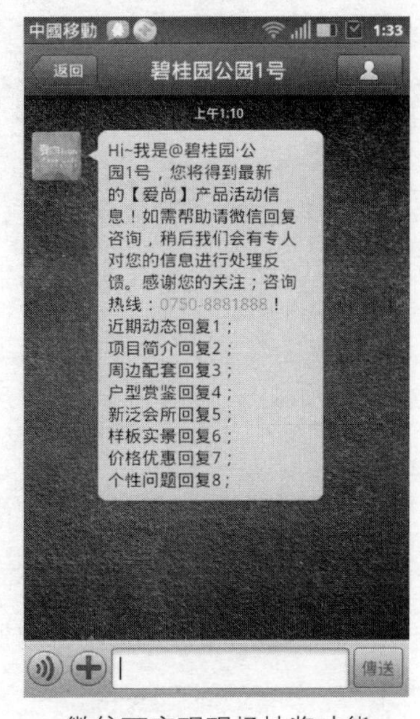

微信可实现现场抽奖功能

Sample B：米兰贝贝微友团定期抽奖

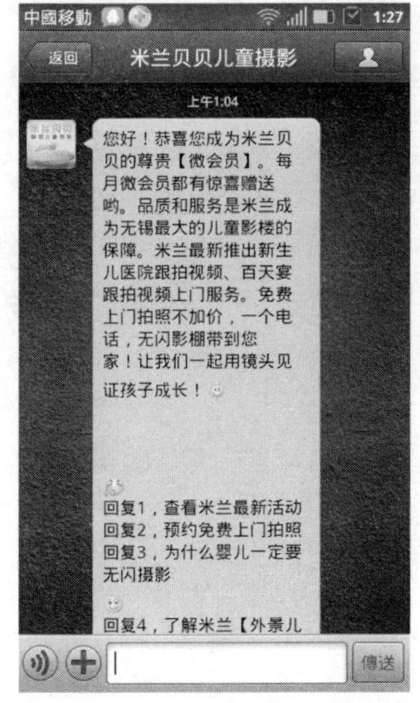

定期团购抽奖

“米兰贝贝儿童摄影”以微友团为组织形式，开展周期性的“摇一摇”活动。同样是“摇一摇”抽取幸运观众，米兰贝贝采取集中时段，阶段性开展。活动集中在3月25日、4月2日、3日开展，锁定10点、12点、14点和17点4个时段，每次活动延续10分钟。所有摇中米兰贝贝定制账号的用户都可获得赠送的微信大礼包。本次活动也是米兰贝贝五周年店庆的延展互动，受到了很不错的反响。

案例解析

“摇一摇”不同于其他的微信活动，在发挥现场互动中具有很强的优势作用。无论是“摇一摇”选中账户抽奖，还是现场配对寻找有缘人。“摇一摇”都是随机分配，从多数用户中抽取少量用户的好方法，而且完全由手机随机挑选，其操作结果也十分公开、透明。

碧桂园巨大的派奖力度，确实成为用户参与的后台保障。“摇一摇”在推动现场的氛围上具有其他微信功能无可比拟的优越性。尤其是现场参与人员较多，数百人同时摇动手机，彼此之间还会饶有兴致地看对方是否成为幸运儿。这种以线上形式推动线下活动，两者之间相互借势，确实是一种很好的现场活动方式。

而米兰贝贝儿童摄影的微信活动，力求成为一场持续性、阶段性的互动。建立微友群，通过不同日期、不同时段的微信摇一摇，抽取现场大礼，将抽奖反馈不断落到实处。将一次的现场活动转化成延续性的阶段活动，能够有效地延长活动的效果和影响力。

实战建议

“摇一摇”可以作为现场互动的重要参与环节，增强活动现场的氛围。对于商家来说，简单的“摇一摇”微信活动主题简单并且可操作性强，是企业可以长期采用的互动方式。下面就介绍一下“摇一摇”的使用方法，供企业主作为实际操作中的参考。

1. 微信“摇一摇”，商机在附近

首先企业通过微信“摇一摇”，面向附近用户打招呼，唤起用户的关注。借用“摇一摇”进行全线互动，将现场互动信息在第一时间进行传递。用户接收到微信邀请后，能够在第一时间内获得产品相关信息，参与到活动中。通过“摇一摇”活动，能够最大限度地将地缘周边的用户进行全方位卷入，最大程度上获得互动的影响力。在获得对方关注之后，通过促销信息的强化，让用户身临其境地参与进来。

2. 娱乐新形式

“摇一摇”之所以成为推荐给企业互动的微信活动，重要原因就在于

其高度的参与度。只需简单操作就可以参与进来，极低的参与门槛让广大的用户都有机会进行互动。同时，“摇一摇”极具动感，而且在人群中很容易带来感染力。用户聚集在一起，晃动手机，期待感迅速提升，具有很强的现场感。而以此带来的感受很容易激起用户的二次传播。不仅是作为一种营销传播形式出现，同时也是作为一种娱乐形式出现，在营销中消费者充分体会到互动之乐。

3. 新功能革新

微信版本不断更新，其中的功能也在不断推陈出新。对于商家来说，密切关注微信平台所能够带给我们的商机，确实显得尤为重要。不仅是“摇一摇”参与用户抽奖，通过“摇一摇”还可以摇出歌曲播放。靠试听推广产品的一些商家应该利用音乐播放的载体功能，在其平台通过歌曲的植入，带入产品相关信息。

朋友圈：消费者在朋友圈中扩散消费信息的利器

我们所说的微信传播平台也就是早已被大家所熟识的微信“朋友圈”。用户可以在朋友圈分享心情，分享美文和感悟，当然也可以晒出自己的消费体验。朋友圈作为一个社交平台，在人们生活中发挥了越来越大的作用。朋友圈具有与其他平台不同的特点，包括微博在内多数的社交平台都是在开放性上做了进一步的拓展。而微信的与众不同之处就在它大大丰富了熟人群落。在微信平台上，多少昔日的朋友又找回了当初的那份熟悉感觉。相对封闭的朋友圈恰恰在保护用户隐私的同时，提升了自己品牌的可信度。

Sample A：太原车展微信抽门票

在2013年太原车展即将开展前夕，只要通过微信关注企业官方账号，并将活动截图分享发送至朋友圈，即有机会获得太原车展入场券。在活动期间，主办方每周抽取10位幸运微信用户，每人赠送一张入场券。在为期4天的车展现场上更是有再次参与各大厂商的现场活动，通过朋友圈分享参加现场的大礼抽奖。

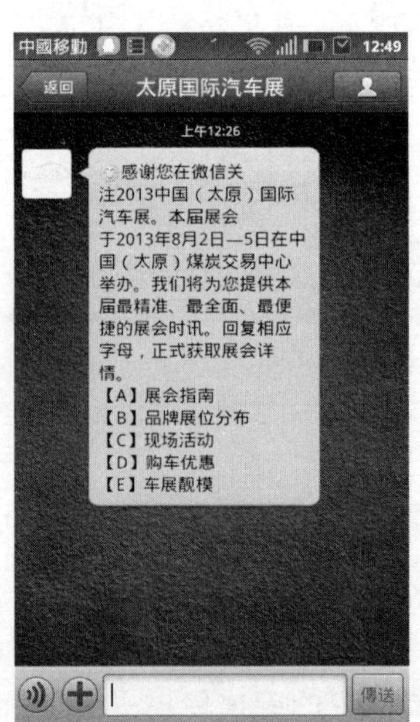

随时随地获得车展即时信息

Sample B：PPS游戏送元宝

通过关注PPS网络游戏平台官方微信，在活动期间将活动内容分享至朋友圈，即可获得游戏元宝和话费。每天抽出三位玩家，放送价值500元的游戏元宝。同时，每天200份50元话费大礼，也是具有诱惑力的奖励。将活动内容发送至朋友圈，再将分享至朋友圈的截图回发给PPS游戏平台公众账户，最后发送“在一起+手机号码”即可获得抽奖号码，一个抽奖的过程即可完成。

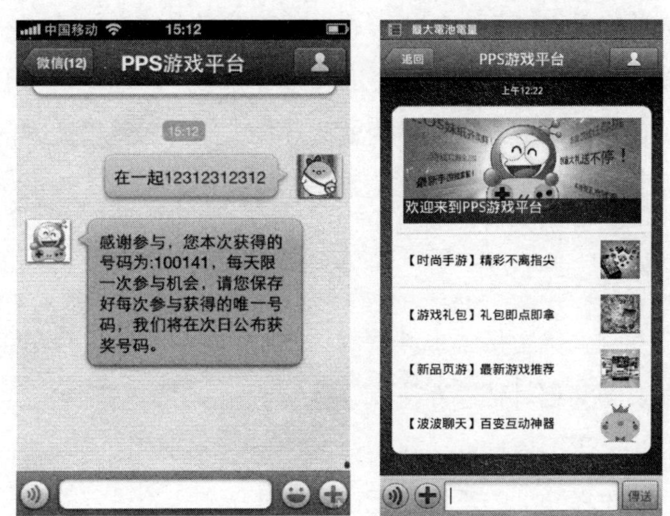

发送“在一起”和手机号码参与抽奖

案例解析

越来越多的企业将目光聚焦到微信朋友圈当中，微信巨大的用户群对于企业来说确实是一块诱人的“肥肉”。朋友圈从诞生之日起就具有与其他平台不同的属性。以“大V”为代表的微博平台，以其巨大的透明度获得了广泛的关注。如果说微博给了草根一个展示平台，给了大众与公知们平等对话的机会，实现了人人都有麦克风的时代。而微信针对熟人群落，所开启的是一个更为密集往来的社交圈落。

通过微信朋友圈进行相应互动，一般做法就是通过信息分享，形成二次传播，用户从而获得抽奖机会。微信二次传播主要是靠用户自主分享，因此在传播内容上要注意广告的成分和比例。在相对封闭的个人能力平台中，用户对于广告的敏感度迅速提高，排斥度也在提升，所以在内容和比例两个部分，都要做好安排，避免在“朋友圈”中产生刷屏广告，而遭到用户的厌恶。

在内容的包装上，要注意逐步去除其过于企业化的硬性广告痕迹。以上两个案例中可以看出，为了抢占微信圈落，企业在宣传过程中需投入重磅的大奖投入。两个案例中，企业主都是遵循着发起活动——分享信息——反馈信息——参与抽奖几个步骤进行活动。但是，相对于加强了分享，忽视了自身评论的过程，可能就会导致二次传播效果被弱化。因此，在微信传播中，我会不断强调内容所带来的结果效应。

实战建议

微信朋友圈，确实是一个进行信息发布的良好平台。我们之前反复强调，微信朋友圈的相对私密性特点，造就了众多“微粉”对微信平台的青睐。其实，相对于微博抑或之前的博客，无论哪种圈子的营造，都需要企业与用户之间思考角度的互换。无论是在什么平台上进行信息传播，归根结底是人的传播。无论在哪个平台互动，都有一些值得我们参考的成功案例，同样也有很多企业在转瞬即逝的浪潮中再次悄无声息。因此，我的观点始终是，不管做哪个平台，始终是内容大于技巧。只有真正能给用户带来好的感动的信息，才能持久地生存并且获得消费者的青睐。

1. 周期性持续活动

现在很多企业在做活动时候，都希望能通过一次性事件营造出爆炸性效果，追求在短时间内的高效传播。企业追求短时高效，本来也是无可厚非的。但是，对于微信经营来说，不仅做的是轰动效应，更是一种润物细无声的口碑传播，或者说是一种圈子营销。那么，除了一些重磅的礼包之外，也可以通过一些“加精微文”，来提升圈内朋友对于其官微的阅读和分享度。我们既不能放弃短线的轰炸，同时也要保持长线的持续作业，让好的微信成为人们生活中的睡前读物，让好的微信成为人们上班前的经典晨读。

2. 分享内容要加精

微信朋友圈的分享要紧紧围绕产品和企业属性。我们看“火线”系列的微信活动，无一不是仅仅围绕着游戏本身。首先我们看到，其平台提高了微信分享的入门门槛。完成任务获得一次胜利，才能获得分享的机会。从企业主动到用户自发，这样的良好推进是值得我们学习提倡的。将自己的首战捷报在微信圈中进行分享，对用户自身来说是一个荣耀的分享过程，同时也与企业内容高度相关。首次告捷，第二日即可抽奖，同时也提升了用户的关注度。

关注微信赢取礼包

3. 幸运大奖相关性

在很多时候，企业为了吸引用户注意，往往在活动过程中一掷千金，希望通过大奖来激发消费者的注意。然而，从实际效果来看，企业煞费苦心的活动往往被大奖抢了风头。还有一些互动，企业所选取的奖品与企业毫无关联度，活动进行了却没有有效地传输出品牌的附加价值。比如一个车商分享的信息就要与汽车行业有极强的相关性。那么，作为餐饮企业，我所分享的信息就要和美食具有关联性。换句话说，如果你不是名车主题的餐厅，你就没有必要将4S店保养作为用户抽奖的奖品。

语音、图片：帮你打一场漂亮的视听战

微信平台不仅是一个单一的交友平台，更是一个综合型的信息分享平台。就其现在的技术水平来看，微信不仅满足了人们的阅读需求，同时也满足了人们的视听需要。在微信中分享图片、分享音乐、分享游戏战报、分享美文等等，都成为了人们日常网络活动中的一个组成。

如今网络平台的边际已经逐渐模糊，越来越综合的平台脱颖而出。而微信屹立其中，也是企业营销平台的新宠。企业何不牢牢利用微信4亿多的巨大用户群，来一场漂亮的视听战。

Sample A：“壹读”君知识很渊博

作为网络时代的新生传媒力量，壹读平台上包括了图片、文字、音频、视频等综合型的功能。在微信中，我们确实需要一些有趣的平台，但是我们同时也呼唤一些内容有营养的平台。壹读分为名人主播、壹堆read和壹读服务三个板块。其中名人主播中有“洪晃寄语”、“于谦谈如何交朋友”、“周杰伦和你聊家庭”、“李开复谈微博”、“陈数陪你聊黄金”等内容。壹读平台涉猎内容极为广泛，从天文地理到政治事件，生活中的各类话题，壹读都收录其中，并通过趣味加工将知识娱乐化和大众化。在形式上更是做到全方位创新，语音、视频、图片、音乐等都是壹读积极采用的形式。

“壹读君” 每天发放专题美文

Sample B：逻辑思维教你思维

“逻辑思维”是如今最火暴的几个微信平台之一，其丰富的内容和多样的形式，是持续吸引微粉丝的重要原因。单从“马桶伴侣”的名字上来看，就显示

“逻辑思维” 微信每天用语音配合美文

了其大部分内容是为了满足人们碎片化的闲散时段。在很多碎片化时间中，人们接受音频大大方便于接受文字等内容。在“逻辑思维”中，每天用户可以收到两个信息，一个是每天一则的音频，再一个是通过关键字搜索的精品文。

案例解析

微信平台多样化的表现方式造就了其内容的多姿多彩。而在两个案例中，我们可以看到迥然不同的内容方式，尽管在表现形式上有所不同，但都给了我们企业很好的参考。简单来说，高质量的信息分享，宽泛的话题内容，趣谈古今风云，这样的微信确实能够引人入胜。

我们看到以电子和传统杂志成长起来的“壹读”，在微信平台上仍然延续其饱满的内容。丰富的内容展播使得壹读平台成为微信中“图书馆”式的账号。如果你有丰富的时间在其平台中遨游，那么，丰富的信息可以让你和一壶咖啡慵懒地度过一个下午。内容的涉猎上，壹读的关注范围十分广阔，从帆船门道到最近的国家事件，从音乐会到明星等，可以说壹读一直展现着杂家风范。壹读给人的感受就像是每日更新的电子杂志。

而订阅号“罗辑思维”走的却是另外一种方式，其“微主”——“罗胖子”每日会定量上传一条音频，同时还有通过关键字回复的精文。用户只能看到最近5天的内容，而不能看到每一期的内容，实际在微信平台上造成了一种信息的不完整。这种信息的不对称性对用户来说却转化成了长期固定听众。这种类似饥饿营销的信息发布方式提升了平台更新的速率，同时也提升了用户持续访问度。

实战建议

在微信平台中，想要确保账户的关注度，良好的内容和恰如其分的表达方式都是很重要的部分。用户一旦形成对平台的关注习惯，就会形成持续关注的黏度。对于企业来说，想要成为大众关注平台，就要懂得适当地放弃硬性的企业信息。可以说，越懂得抛弃企业功利性立场的平台，反而能够获得更多用户的拥护，获得更好的宣传传播效果。

1. 搭建专业型平台

通过图片、视频等多技术方式，实现微信平台的多样化，确实是提升用户体验的良好方式。但是，这里就存在做专还是做精的问题，对企业来说就是该如何选择自己的微信内容。其实最终要考虑的还是从企业属性的角度出发。我们看到的“骑行西藏”微信平台就一直致力于背包客的出行见闻，将一个内容在平台上一做到底，从各个方面丰富统一内容也是重要的经营方式。

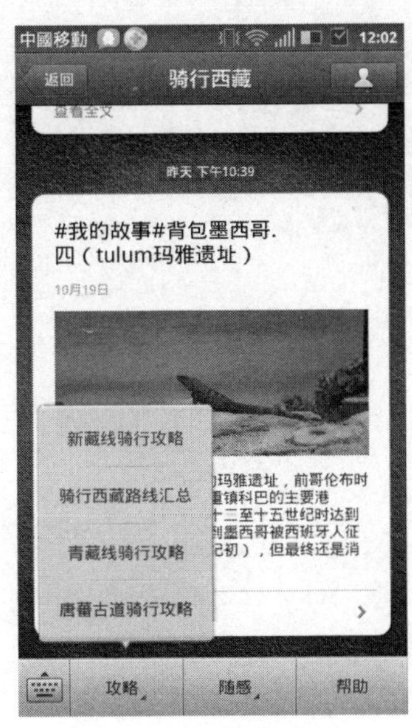

“骑行西藏”旅途故事分享

2. 综合性平台打造

如果你不想让你的平台成为一个专业性科普展区。那么，综合性的经营方式也许会成为企业主的另外一个选择。像壹读媒体平台一样，打造一个综合型的视听盛宴，让全方位的信息覆盖到用户。关心每日热点，关注微信用户的反馈，可以将这两部分内容作为微信经营的内容源，也是企业可以参考的一种做法。

CHAPTER FOUR

第四章 <<

掌握微信营销九大军规，为营销保驾护航

微信营销已经是大势所趋，那么微信营销是否有规律可循？古人有云，知已知彼，百战不殆。那么，我们在微信营销的平台中，要尽量找寻好规律，依照章程有条不紊地做好部署。必须了解自己，找清自己的定位。然后，我们再看看你的对手在做什么，是选择跟进，还是选择给予有力反击。打造好你自己的平台，让规律有章可循，让策略有的放矢。

军规一：做好定位，找准你的运营模式

一个正确的选择往往比选择本身更重要。那么，对于企业来说，做什么就决定了整个企业的未来走向，也就是决定了整个产品未来一个阶段的定位。想要在市场上发出自己的声量，首要的就是要学会找准自己的定位，告诉市场和消费者“你是谁”。对微信平台的经营也是如此，首先要明确自己的微信账号，在平台中扮演什么样的角色。然后，我们才能确定你想要输出的内容，以何种有趣的方式，持续获得消费者的关注。

Sample A：全聚德微信导航

全聚德王府井店采用了微信中最常规的推广模式。从形式上来说，通过回复数字，可获得不同板块的相关信息。从内容上来看，选择七大板块作为与消费者的主要沟通内容。用户通过关注，可以获得包括店面介绍、行车路线、外卖咨询、厅堂和食府环境等相关信息。另外，还设置了官网和微博的链接，作为一个入门级别的微信账号，全聚德王府井店微信账号应该算是一个标准平台。

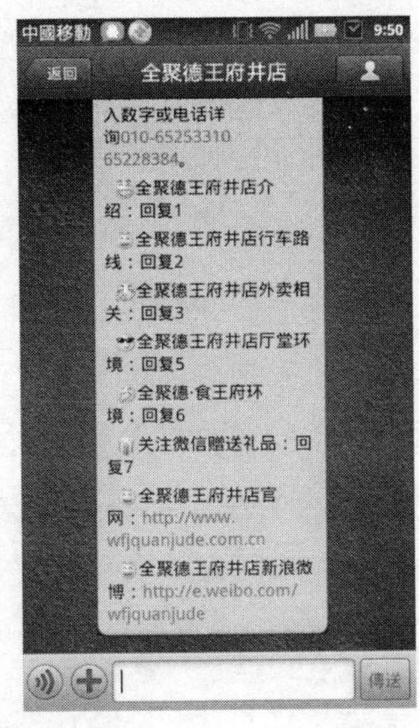

根据数字回复简单操作

Sample B：必胜客玩起植物僵尸大战

必胜客作为洋快餐的代表，借势国外洋节进行造势显然是无可厚非的。万圣节即将到来，必胜客借火热的植物大战僵尸作为活动主线，通过在线音频进行游戏互动。通过关键字的输入，用户可以进入游戏界面。必胜客通过语言，传递了一条包含万圣节诡异气氛的音频，掀起了活动的开

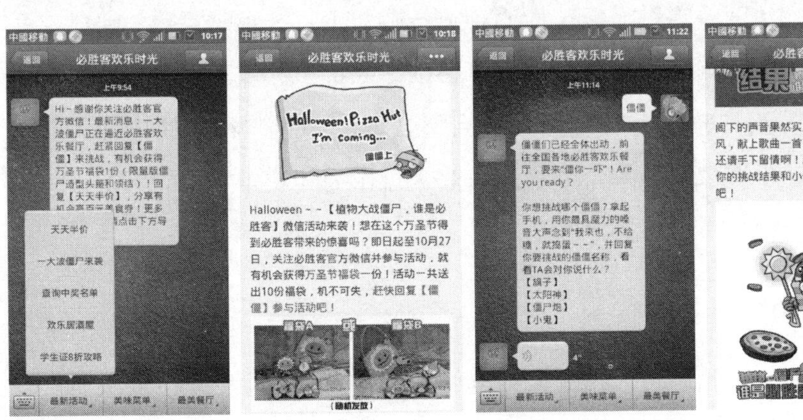

“僵尸大战”成就必胜客促销噱头

端。用户通过音频回复和关键字选择便可以进行挑战，僵尸败北后用户即可收到一封趣味的投降书，其内容大胆嵌入了必胜客经典菜系。

案例解析

我们想要去哪里，往往决定了我们的方向在哪里。然而比我们去哪里更重要的，就是我们到底是谁。我们的企业生存在多样化的市场中，你看淘宝盈利丰厚，他看京东风生水起，但对于自身来说，我们的企业是唯一的。就像每个人拥有不同的个性，需要我们尊重他的属性，继续量身定制的信息输出方式。

作为百年老店的全聚德来说，首先我是一家餐馆，传输的肯定是与我餐馆相关的信息。而王府井又是中外游人纷沓而至的地方，可以说来王府井全聚德用餐的餐客大部分都是外地尝鲜客。对他们来说，王府井全聚德店更像是一个游览胜地，其微信更重要的作用是要承载一个在线客服的功能，包括其线路导航、环境介绍和一些礼品互动。对于企业来说，微信平台并不是越繁复越好，重要的是要与自身销售相匹配，满足用户基本需求是首要的。

必胜客的微信平台延续了必胜客餐厅“欢乐时光”一贯氛围。在必胜客的微信平台上，只要你愿意参与，也同样能够欢乐起来。一个万圣节，微信中的“鬼哭狼嚎”唤醒了你的耳朵，够得上一场视听冒险。必胜客集中进行品牌营销，并没有分散进行单一门店的推广，除了与其经营模式相关，也是因为其整合后产生强大的品牌张力。必胜客统一的店面经营模式，关键在于整体氛围的营造，而微信平台作为其欢乐文化的延续，就有很强的体验特点。

实战建议

投入了时间和精力，却没得到良好的营销效果。到底是方法不对，还是内容不佳？如果从根本上来看，很可能是因为定位不准。我们说，知己知彼才能百战不殆，无论选择何种方式，为我们的企业做推广，首先知“己”才是前进的第一步。那么，下面我就给大家介绍三步走的方法，供大家讨论和参考：

1. 听听客户是怎么说的

如果你不知道如何定位，那么大可听听客户是怎么说的。“现在的微信广告总是刷屏，太多就太烦了，直接删掉了。”从用户的反馈中，我们听到了质疑的声音，那么就找到了问题的根源，找到了解决之道。从消费者的认知情况出发，从消费者的实际需要出发，就是找准定位的入门方法。

2. 看看对手在做什么

现在，你已经知道了你的客户想要什么，但你还不知道如何下手，那么看看你的客户在干什么。如果对于自身定位还不十分明确，不妨学会跟进你的对手。跟进对手，保持一个体位的距离，那么就机会在决定环节转身而超。如果你是一家民营快餐企业，那就好好学习对手是怎样经营的。像“汉堡君”一样，给自己的平台起一个好听的名字，包括品牌文化、新品信息、优惠赠品等，不如跟进对方设置自己企业相应的信息。单纯的模仿当然不是上策，学会创新和改良才是长久的经营之道。

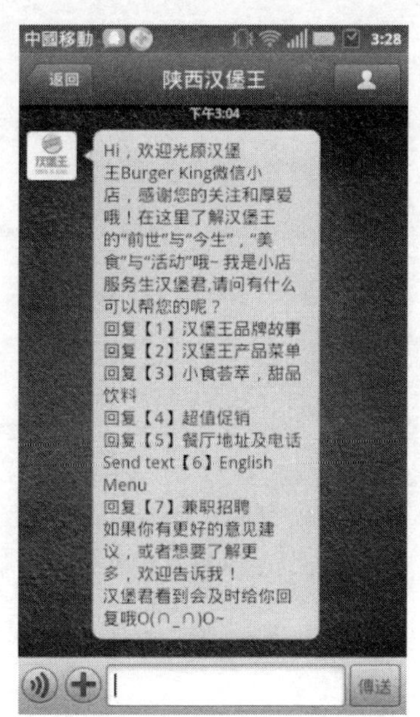

汉堡王在线了解产品信息

3. 谨慎邯郸学步之危

找到好的榜样也不能照搬照抄，否则模仿不到家，又会丢失了自己原本的方向。全盘照搬会导致“最愚蠢的模仿”，企业要学会发现自己身上的闪光点，抓住一两点优势进行放大，提升品牌带给消费者的良好体验。经历剧变的蒙牛集团仍然没有放弃自身优良的营销传统，四大微信账户同时塑造品牌形象。其中，酸酸乳以年轻态的定位，赢得了青少年消费者的信赖，鲜明的消费者定位就有机会为企业赢得忠诚的粉丝。

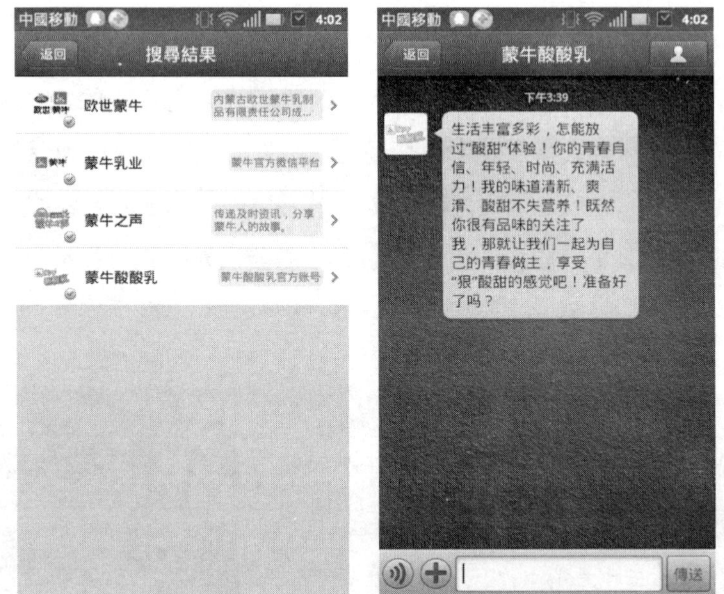

蒙牛酸酸乳一直以青少年为核心消费群

军规二：申请认证，把特权攥在你手中

想要获得更大范围内的关注，首先要获得微信平台的“特许执照”。那么，何为“特许执照”，我们首先要参透微信中的一些基本的活动规则。在微信推出之初，面对企业、媒体的第三方公众平台采用的是人工审核的方式。为了满足第三方账户的需要，现在采用自助申请的方式，只要是腾讯微博或新浪微博的认证用户，并且同时满足有500名的微信订阅用户，即可自动通过申请完成公众账号的订阅。在积累了一定的微信粉丝数

量后，企业就应该尽早着手申请认证，将特权早日攥在手中。

Sample A：农业银行信用卡贴心服务

各大银行也都涉足于微信平台，将不少客服功能转战到微信平台。一般来说，这类平台很少选择群发方式，从而也降低了对于用户的干扰。在微信平台，用户可以进行信息查询，同时也会受到商家的时时提醒，进行账单的时时更新。代替了以往短息查询，所造成的信息冗繁和操作不便。公众账号平台能最大程度实现在线完成服务，在线获取信息，力求从最大程度上给用户带来便捷体验。

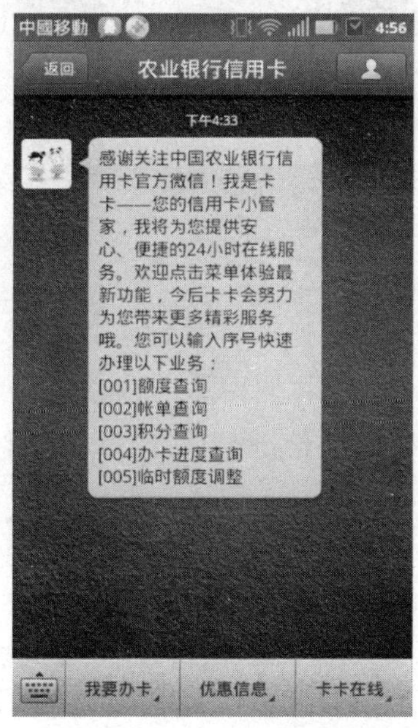

信用卡中心微信可实现大部分的银行客服功能

Sample B：中国联通微信查询

中国联通的微信平台也是一个服务型账号，通过平台浏览，用户可以获取自己账户的全部信息，享受即时在线的个性服务，通过自助服务查询当月话费、套餐咨询和历史账单等信息。而微信充值也是服务的一大亮点，成为认证账号的平台，与银行等有关平台磋商后，即可建立微信支付，进行在线交易。从此，微信平台就成为提升其客服服务水平的有效手段，从而形成一个线上服务线上交易的闭环。

中国移动将部分服务信息搬到微信平台

案例解析

两则企业案例为我们提供了一个很好的谈论案例。微信新版本功能的提升，为我们建立了一个良好的窗口，但是随着微信平台的不断升级，印证用户的功能和义务也在不断发生改变。微信平台的产品经理就坦言，以微信公众平台作为营销直接窗口的现今这种较为普遍的做法，要有所改观。而新版本的公众账号将实现功能分类，即分为订阅号和服务号。在微信改革的大浪之下，我们如何运用账号进行营销，也将是一个全新的话题。

从两个案例来看，两个账户的功能均属于公共服务类平台。农业银行通过微信平台，将短信、网站的一些服务信息转移到微信上来。一方面减少了短信操作的繁琐，另一方面也同时提升了用户的体验度。将服务咨询的效率大大提高，借助微信平台的窗口，让很多企业尝到了移动化社交媒体的甜头

而在中国联通的案例中，从套餐查询到自助服务，再到充值缴费等流程。在微信中形成了一个完整的交易闭环，用户可以轻松获得一站式的消费体验。从服务平台到销售平台，无缝式的功能转换让商家在微信平台大胆地获得了商机。

实战建议

以上内容中，我们提到了微信公众账号群发的功能或受到限制。与其说这是对于商家活动方式的限制，不如说这是对商家服务能力的提升。如果微信平台上到处蔓延的都是转发的信息，那么微信平台很快就会被其他社交媒体所取代。当企业全面了解了用户的需求，掌握了良好的沟通技巧，那么便完全不需要通过群发手段，也能达到人人参与、人人分享的良好效果。那么，在企业注册微信并通过验证后，这里就给出一些接下来的基本的方法和实战建议：

主动推送和被动查询平台相结合

1. 主动与被动相结合

一些用户往往习惯主动提出自己的需求，而对另外一些用户来说，本身对自己的需求还不太清楚，因此在这个时候往往需要商家的一些主动引导和介入。在主动功能部分，微信商户可以选择游戏互动、用户积分信息查询等方式。既然是主动功能，即用户

通过主动选择而获取的信息，大可不必担心是否会打扰到用户日常生活。被动需求功能其实就是商户主动向消费者传递的信息，可以是包含收发货提醒、促销信息、上新公布、优惠券使用等内容，被动信息就要特别注意，不要对用户进行信息轰炸。商家要注意的是，在主动和被动信息之间不断摸索，找到两者之间的平衡。主动与被动相结合，才有机会摸清消费者的消费习惯和心理特征。

2. *物以类聚，人以群分*

人们常戏谑的一句话说，你又不是人民币，不能指望所有人都喜欢你。对于微信平台的经营也的确如此，我们是做企业的，不同的行业，不同的性价比，针对的客户当然也会有所不同。和品牌产品一样，我们微信平台的经营，也要符合产品本身的调性。如果你的主要客户是白富美，那么在平台内除了一些优惠信息的分享外，生活感悟类和品质生活的一些内容也是力推的热点。飘柔的微信公众平台延续其品牌“勇敢去爱”的宣传主题，给用户营造一个飘柔独有的话语体系。

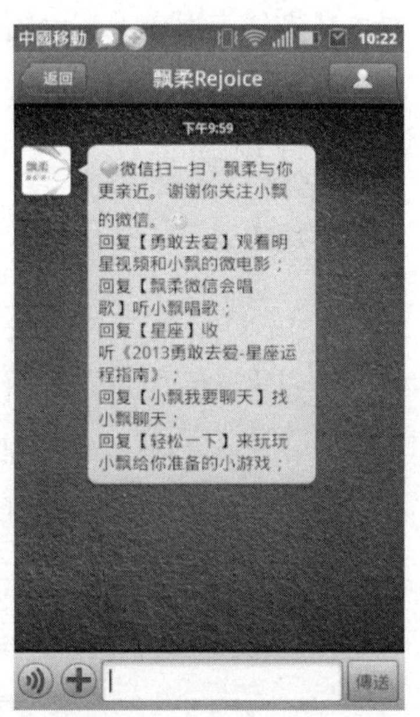

找飘柔微信聊聊，轻松一下

军规三：内容要丰富，才能吸引到客户

在微信平台，企业有很多的身份选择，可以选择成为一名兢兢业业的客服人员，可以选择成为时尚的弄潮儿，也可以选择成为海纳百川的百宝

箱。做出什么样的选择，最终会造就企业经营出什么样的平台。对企业来说，运营微信平台最基本的要求就是内容的丰富和多样化。其实，这包含了两个部分的要求，一是内容的丰富多彩，二是内容的及时更新。

Sample A：南方周末的专题微信

如果单纯从内容角度来说，媒体平台实在是各个商家不容错过的学习参考。媒体的内容是深沉而庄重的，意味深长而引发人们的思考。南方周末的微信平台，以专题的形式，精选了众多的加精美文。南方周末是一个主动信息平台，也就是说主要内容是由用户主动索取，而其自身平台会根据用户需求发送相关信息。这种完全自主开放式的微信平台，其实并不是完全针对“零基础”的用户，通过其参与方式，其实就已经圈定了其适用用户群体。而用户通过自主选择回复的信息，也会最终返回到平台客户端，成为云数据用以累积用户的行为习惯。

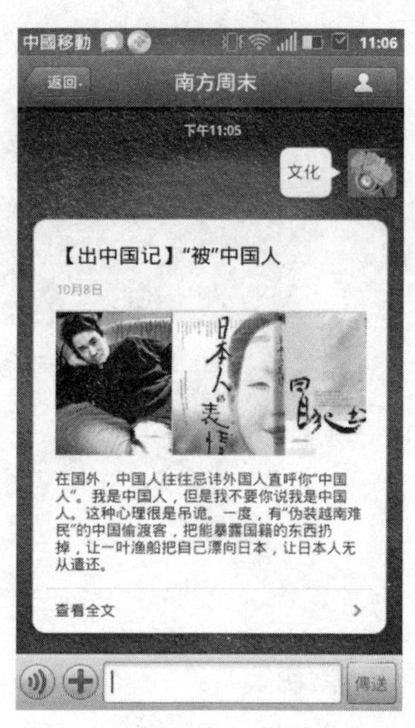

“南方周末”微信——最会讲故事的平台

Sample B：湖南卫视微信人气高

湖南卫视作为国内人气颇高的地方卫视，在微信平台上也一如既往地延续着超高人气。通过数字键回复，即可获取当天的热点信息。通过操作体验，回复数字1，收到3条图文并茂的内文推送，内容主要涉及热点栏目的相关动态。其微信推送的信息内容丰富，配合精美的图片和声情并茂的文字，其内容设定绝不亚于一份精华版的娱乐报纸。湖南卫视微信平台在内容设置上，延续了其卫视以娱乐为主的节目调性，将节目热点与概要信息，同步放送给观众。即使没有时间观看节目，也可以通过微信阅读，了解节目推进的主要信息。

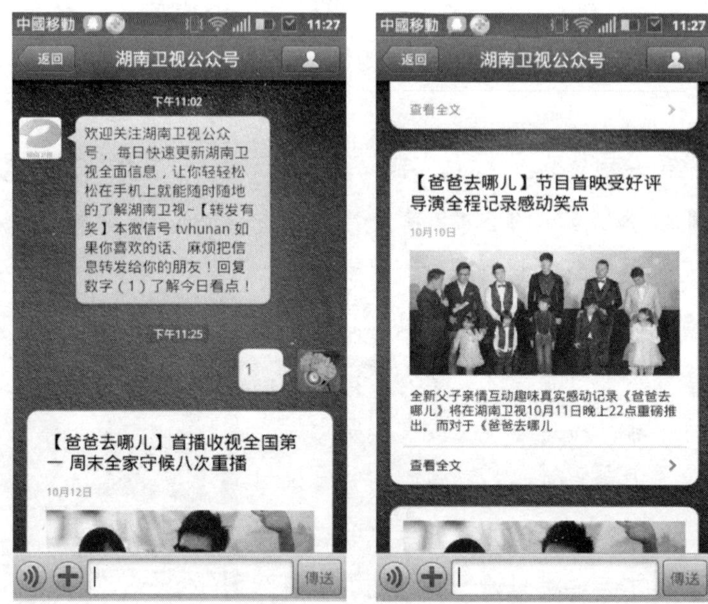

搜罗热点栏目的周边报道

案例解析

想要在微信平台上脱颖而出，获得更多的粉丝关注，还要精化内容，从内容上最大程度地感动消费者。我们企业在进行内容设定之前，必要的自我定位是不可少的。就像前几讲中我们已经探讨过的内容，企业所发布的内容最好是与以往企业形象和调性相关联，这样更便于企业在整体形象的输出，也更容易为大众所接受。

我们看到，在南方周末的案例中，其微信平台主要以阅读内容为主，根据用户关键词的回复，发送相关文章信息。而其发布的文章大多为加精美文，具有很强的传播效力，在朋友圈当中能够实现有效的共享。当然，在其平台中我们没有信息分类的板块。而单纯通过关键字的回复来进行与用户之间的互动。一方面我们建议企业，在条件允许的情况下增加内容分布的分来板块。另一方面，我们也建议企业在先期可以经由用户发送关键字，形成云数据库，以判断消费者行为偏好。

湖南卫视作为国内重量级卫视频道，其娱乐为王的精神在微信账号中也得到了体现。最新的娱乐资讯，同步卫视的综合信息，在其微信平台都可以找到。在内容上，微信平台是以每日热点的方式，进行实时更新。同样是通过数字回复，来进行信息索要。在内容上来看，与南方周末微信的表现形式有所类似，更像是一本浓缩的娱乐周刊。不错的内容，和图文并茂的形式，让湖南卫视的忠实粉丝也成为其微信平台的忠实用户。

实战建议

网络海量的信息容量，容易让人很快就淹没在数据信息的海洋当中。因此，想要在网络时代脱颖而出的营销平台，必然是将内容做大做强。即使网络格局不断发生变化和调整，内容的先天性优势足以使平台吸引更多的用户关注。

1. 好内容成就好服务

在微信平台，利用公众账号作为营销的一个重要环节，只是微信平台众多功能中其中一项而已。而随着新版本的发布，为了减少对用户的干扰，以微信公众账号作为营销主要阵地的现象会被逐渐改善。无论从哪个角度来思考，我们在微信上做好平台的出发点，都不是如何做好营销平台，而是如何做好一个服务型平台。只有将消费者的需求真正落到实处，才能获得更多的支持和关注。

2. 做个答疑解惑的专家

很多企业所处的行业及其生产产品都属于专业化极强的领域。其实在营销过程中，我们应该学会转化思路。商业价值的重要意义不是你的产品本身，而是你的产品能给消费者带来什么。比如说将每周的问题集锦作为抽奖和互动的部分。这些真实的互动类栏目通过热情网友的加工，往往会变成妙趣横生的互动栏目，不但不会引起用户的反感，反而会引起消费者的关注兴趣。微信平台成为答疑解惑的专家，就是在最大程度上提升平台的公共价值。

3. 做出差异化经营

行业分工越来越细致，做不出差异化的平台很快就会被市场所遗忘。当然，我们在前面也提出过跟进对手以及模仿等方法，但是一定要切记，无论是什么样的营销平台，模仿也只是营销初期的探索方式。一旦自己的平台确立起来，就需要我们打出差异化的经营模式。以文章推送为例，很多微信平台都在做加精文的推送。那么，我们怎么样做出差异化？最简单的方式就是在文章分享的后面附上自己的观点或者看法，同时设置问题选项，给用户一个宣发自己思考的平台。

军规四：不要“僵尸粉”，只要真实粉

如果说微博是完全敞开的开放平台，那么微信就是一个半封闭的私密平台。有时候对于企业来说，微博平台上的粉丝数、转发量无形中都会形成一种压力。随之而来的压力，就容易转化成求量不求质的恶性循环。而在微信平台相对半封闭的窗口中，粉丝数量、转发数量等对数字化的标准和要求就形成一种隐性关注，因此企业在这个时候就更有可能将精力转移到做好平台，实实在在地为用户做好内容。所以，我们就要求提高粉丝的质量，我们只要真实粉，拒绝“僵尸粉”。

Sample A：报喜鸟接力热点

报喜鸟通过近期的话题炒作，吸引用户关注。例如借力《私人订制》的电影，发起观影活动。另外，在感恩节的节日促销结合VIP进行节点促销。报喜鸟冠名的新锐艺术节更是全面囊括新锐人物信息。微信时时跟进，具有很强的话题性。

报喜鸟微信借力电影艺人的“圈内”热点

Sample B：劲霸男装信息巧推送

同为男装服饰的劲霸男装也已经建立起了成熟的微信平台。从信息推送到各个平台的设置，都已经日益完善。其微信平台包含了品牌最新动态、新品活动信息等内容。同时也包括其他平台的互动信息。在其品牌丰富的内容具有一定的承接性，基本具备持续增长粉丝的基础功能。

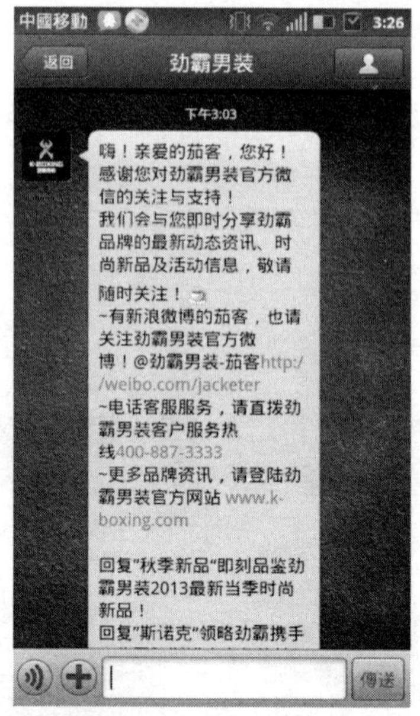

劲霸男装微信的一站式信息推送

案例解析

以上两个案例同为男装品牌，但微信平台建设处于不同的发展阶段。其实，微信平台的发展阶段同样也预示了其平台粉丝的增长阶段。首先，我们看到报喜鸟微信，明显具有内容上的不完整性，只是将客服咨询的相关内容展示到了微信平台。其更多的内容信息有待进一步的完善和丰满。我们可以简单地预判，其微信平台正处于粉丝增长初期。

而对劲霸男装微信平台，我们可以从直观地角度感受其内容的充实。其内容包含了时时分享、活动咨询、信息公布，有很强的互动性，证实其平台已经拥有了相当数量的粉丝群。也可以说粉丝增长可能已经通过了快速增长期，经过一个持续发展的阶段。可以说现在的劲霸微信平台上，基本的粉丝已经稳定在一个数量之内，那么想要继续增长，就可能需要平台内信息和形式的升级改版。那么具体如何来做？就是我们下一个板块为大家重点分享的部分信息。

无论平台处于哪个阶段，最重要的是，这里是一个真实的互动平台，在这里，虚假的“僵尸粉”，对平台和品牌建设都是没有丝毫的作用。如果说微博做的是“面子”，那么微信做的就是“里子”。微信一对一的平台，更多关注的是真实的交流与互动。如果盲目追求粉丝的数量，最终只会导致虚假的繁荣，而企业本身也错过了一个成为优质平台的好机会。

实战建议

现在，越来越多的人已经认识到，微信平台是一个与消费者互动的良好平台。那么，企业精心设置的信息内容如何能够通过微信平台传播出去，核心就是通过建立具有公信力的微信平台。通过大量的粉丝形成自发的传播，从而建立自己的内容传输中心，将更多的好内容传播给微信粉丝。那么，在具体操作当中，我们要需要注意哪些事项呢？

1. **找到你的老朋友**

在做微信平台之前，首先要找到你的老朋友。企业在网络大浪淘沙的过程中，从博客转战微博再到今天的微信，你身边的忠实粉丝是否一路相随？与其漫无目的地寻找增加粉丝的途径，不如直接将已有粉丝转化为到微信平台上。挖掘老朋友的模式为我们提供了一个增加粉丝的途径，即通过渠道覆盖来增加粉丝数量。充分利用微博原有的粉丝基数，通过发送二维码图片和微信的相关信息发布，通过微博大号的转发，带动更多的新老用户关注企业微信信息。 另外，已有的网页、弹窗、宣传物料等无处不在

扫地都能捡到钱，何况扫微信二维码！**6月20日—6月22日，关注QQ彩票微信免费领彩金啦！**

打开微信扫描二维码，关注QQ彩票微信公众号，发送QQ彩票帐号到微信即送2元购彩金，每天限量388份，连送3天，先到先得送完为止。

Kissmilan米蘭蛋糕 V：#Kissmilan米蘭蛋糕 分享爱#关注官方微信公众平台服务号：kissmilancake，转发本条微博并@五位吃货好友，均可获赠@Kissmilan米蘭蛋糕 分享装蛋糕一份，这次是非常经典的芒果芝士呦！不是抽奖，是人人有份！赶快行动吧。。给领奖时间近期会在官方微博中公布。

10月22日21:08　来自iPhone客户端　　(11) | 转发(635) | 收藏 | 评论(230)

热门微博

关注微博获大礼

的二维码提示也是提高关注度的重要方式。

2. 无活动，不促销

单纯依靠平台来做微信营销，不配合主题活动，那么基本上活动转化率是零。因此，不同的传播平台要配合不同的传播主题和活动。活动的开展可以从两个方向来思考，一方面可以配合企业本身的阶段活动，另一方面可以根据微信平台的粉丝数量来自行界定规划活动。如果企业微信是在经营的初期阶段，需要大量的粉丝来通过公众号平台验证，那么，此时迅速提升粉丝数是当务之急。可以采用以小号带大号的方式，通过自身成熟的微信小号，迅速集结群体进行推广。

3. 只要真实粉

我们反复强调，如果企业将微博作为面子工程，需要靠买粉丝来装点门面。那么，在微信中你可以大可放心，微信的平台内较为封闭，每一个真实的粉丝都可以看做是一个忠实的朋友。在微信平台内，企业可以专心做好内容和服务。这是一个以心换心的平台，其他旁观者暂时无法了解你微信的粉丝数量。但是，内容的好坏是表层可以被感知到的，同时也是关系到每一个用户体验的大事，因此，这里不需要虚假粉丝，那些假粉不仅对宣传没有益处，还会对自身平台的经营产生伤害。

军规五：策划活动要有心意，促成与粉丝的互动

策划活动最重要的是，以互动形式打动消费者的内心。增强互动的活跃度，建立品牌与人们之间的认同感，让客户关注并且主动推送平台，是策划活动达到的最终效果。我们通过微信吸引来的用户到底是不是我们的潜在消费者，他们有什么样的具体要求，有什么的建议和意见，如果不通

过互动，我们就无从知晓其中答案。如果我们长期不能够了解消费者的心理，长期与他们的需求背道而驰，那么原有的活跃粉丝就会成为僵尸粉，最终慢慢消失掉。因此，我们要通过日常活动的不断积累，稳扎稳打，通过一些优质活动，与消费者心意相通。

Sample A：途牛旅游，快乐旅游

途牛旅游网的微信平台将旅游互动从线下做到了线上。“关注有礼，赠送1000元途牛抵用券”的微信互动活动与途牛营销策略具有高度的吻合性。同样，入门的促销互动，也是贴合消费者参与心态，将实惠真切地送给消费者。途牛发布的信息主要是以旅游为主题，根据不同的节点来增添不同的主题活动。最近一期活动，是针对去泰国清迈共度情人节的节点，发起与爱人相聚清迈情人节的活动。这样的主题倡导是一次促销活动，同时也是一次体验活动。即使是不能亲身参加的用户，通过微信中图文并茂的配合，也能又一次产生身临其境般的阅读体验。

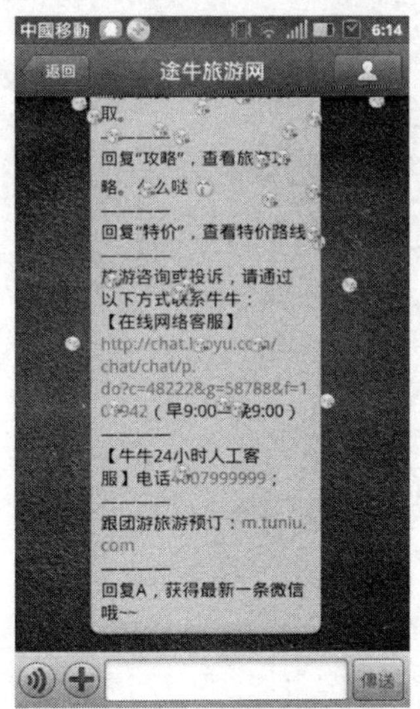

旅程美文和优惠活动相结合

Sample B：85度C微信也温柔

85度C是一家咖啡蛋糕烘培专卖店，我们看到其微信的整个风格让人感受到很强的亲和力。其官方微信的发起的吉祥活动都是简单而接地气。在85度C的微信平台上，不仅能够获取最新的资讯信息。同时，也能接受到商家推荐的招牌饮料以及当红的甜品。除此之外，最为给人惊喜的是，“获取前十咖啡店排名单”，对于一个企业平台，能够打开自己的心扉，让更多消费者了解其他品牌的信息。无论是对于企业还是个人来说，这份打开平台广纳信息的心态确实显示出一个好平台的自我容纳和完善的态度。

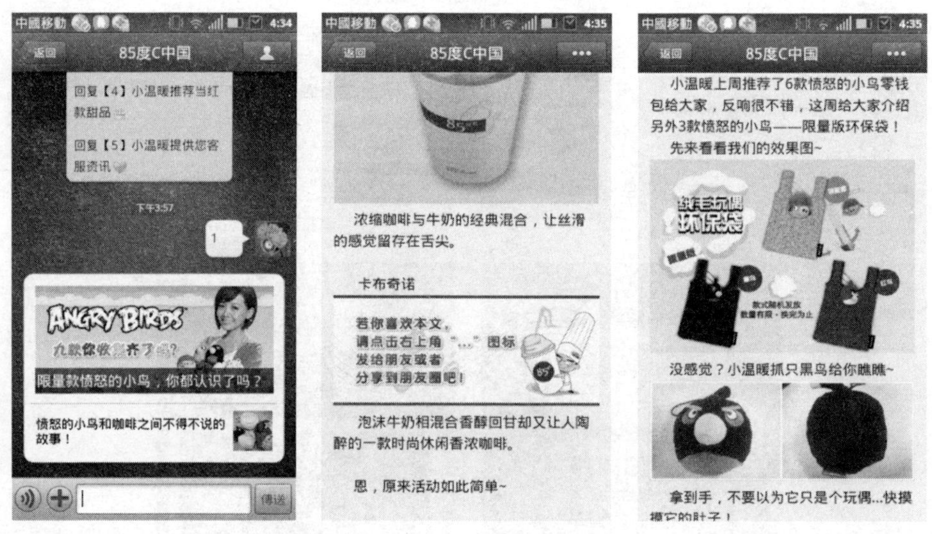

微信承载85度C一脉相承的品牌文化

案例解析

微信平台的活动的策划要紧紧围绕消费者的意志，要学会随时了解消费者的所思所想。那么，如何判断自己平台的活动对消费的带动力呢？简单来说，在我们提出一项活动之后，首先要面对的不是消费者，而是我们自己。那么，你的活动能不能提起自己的兴趣，你的活动能不能打动自己的内心？如果你的答案是肯定的，那么此时再将其推广给消费者，那么我相信，能够通达自己内心的活动，也势必能打开消费者的心扉。

途牛的关注有奖活动，从形式来说只是一种简单的入门级活动。但从平台入口来看，飘散下来的表情虽然只是一种简单的表情模式，但是却能给用户带来小小的惊喜。另外其根据平台的特性进行相应景区的特色推荐。通过图文并茂的方式，提升用户的视觉体验。从整个活动的导入，再加上相应的主题推广来说，途牛的微信平台，虽然没有过多的惊艳体验，但是却是一个中规中矩的标准化平台。

而在85度C的平台上我们看到了一个与品牌十分契合的窗口。无论是从其终端的形象布局还是整个消费环境来说，85度C承接了一贯的轻松亲切的形象。在微信当中，通过不同关键词的回复，用户可以参与到更多的企业互动中。如通过借力愤怒的小鸟主题活动，将咖啡与生活时尚巧妙地结合在一起。充分吸引年轻消费群体的关注，既是一项促销活动，同时也是环保生活的倡导者，达到了很好的品牌重塑和大范围的传播效应。

实战建议

什么是好的活动，好的活动能融入消费者的内心，不仅作为消费者日常生活情绪的宣泄出口，甚至能够起到改变消费者生活方式的作用。一个好的活动往往能够深入人心，引导争取新的消费行为。一个好的活动，往往包含了深刻的市场洞察，能够通过消费者行为分析，深刻认识到其行为背后的心理特征。那么，我们来看看有哪些途径能够促成与消费者的心灵沟通。

1. 学会以“小”见大

能够切合消费者内心的活动往往源于生活中的一些日常的细枝末节。

最能让人感动的往往不是宏大场景和事件，母亲的一根白发、父亲蹒跚的一个背景，可能都是能带给消费者内心感动的一个活动激发点。我们看到星巴克推出的活动倡导叫做“抬起头，世界更加有看头”。抬头，是一个生活中的常见动作，表达的主题却是低头忙于手机等电子产品，无暇与家人沟通的“现代都市病”。从小处着眼的活动带来的却是大的问题和广泛的社会效应，这就是学会以“小”见大的真谛。

2. 让普通人坐拥话语权

很多企业在经营微博平台的时候，常规的操作方式是以微博大号带动信息传播。对于微信平台来说，让更多的普通人拥有话语权，输出自己的心声，才是活动营造的正道。

军规六：推广要动脑，吸引目标客户群

在企业推广过程中，获得关注当然是众望所归，但是盲目地以数量作为互动效果的评估，也并非为可取的行为。当然，获得广泛的关注确实是活动的重要目的，但是关键是在于，企业微信平台所吸引的受众是否是我们产品所针对的主要消费群体。在推广的过程中，企业要开动脑筋，将目标客户群作为推广攻克的重要人群。目标消费群体定位不准，很容易对我们的产品产生巨大影响。尤其是当企业推广费用有限，就需要集中力量，将推广重心放在目标客户群当中。这里涉及一个问题，当我们的目的是针对

目标消费群，那么我们的活动投放和推广的一系列动作就要有精准的传播策略。

Sample A：Nike运动微信

Nike作为国际知名的运动品牌，在推广运动微信的过程中，承接自己品牌的原有调性，精准锁定目标销售群。在微信和微博平台推广的“自由起动”活动，近期以图片作为活动主线。用户将自己拍摄的图片发到微信平台，就可以收到系统回复的图片。颇为人性化的是，如果用户不想将个人照片分享到照片墙，即可取消分享授权。“自由起动”的活动主题把定位放在热爱生活、尽情享受运动的年轻群体上。微信板块主要分为“为高考”、“为TRX”、“为run”、“为阳光”等四个部分的活动。从调性上，与其年轻活动的消费群体高度吻合。

NIKE微信平台继续洋溢活力姿态

Sample B：李宁微信商城

同为运动品牌的“李宁”，在微信经营中又是另外一种风格。李宁的微信平台基本上采取单刀直入的方法。在微信上直接设置包括“篮球、训练、运动生活、防伪查询、门店查询”等多个分平台。相比于其他的公众平台，李宁平台更偏向于营销和产品直接介绍。在形式上，李宁的微信平台选用了类似网页的分屏显示的方式。将微信平台功能更大程度上集中于产品讯息分享等内容。这种具有高度区隔性的微信平台与产品营销信息高度挂钩，也是微信平台中独树一帜的类型。

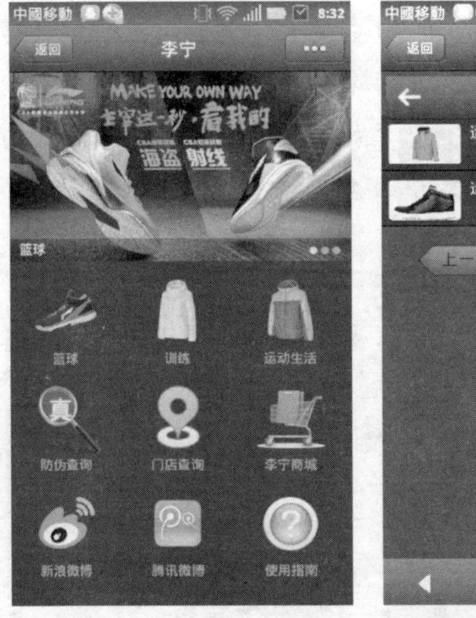

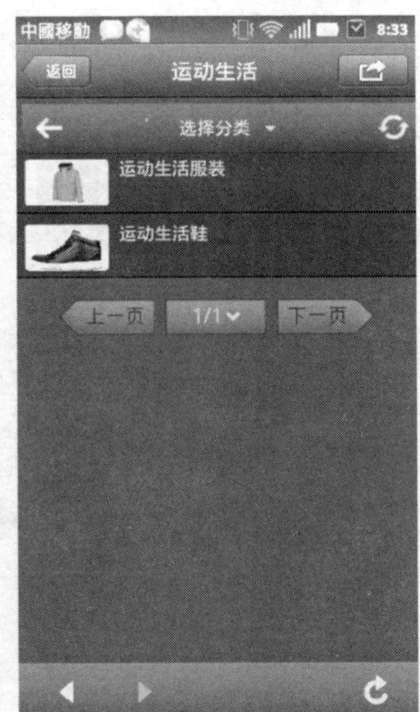

微信商城可实现在线购物

案例解析

IBM公司主席洛·郭士纳曾说：“不知何时，一项深刻而普遍的技术出现了，他将影响并改变一切事物。他将改变世界上任何机构的形态。他将创造赢家与输家，他将改变我们做生意的方式、我们教育孩子的方式、作为个人交流和互动的方式。”确实，随着信息技术的不断发展，网络营销作为一种全新的营销方式，正逐步地改变人们的生活，极强的实践性也让网络营销飞速地发展起来。

同为运动品牌的两个案例，针对不同的品牌调性，都将其为微信平台打造成为不同风格的互动窗口。我们看到在NIKE的平台中，品牌形象得到了一贯的展现。我们在平台中，不仅看到了趣味的图片互动和精彩的活动分享，同时体会到的也是一种高度凝练的运动精神。可以说为青春、为运动，是整个微信品牌基本的内涵。因为NIKE的活动平台主要针对于爱运动爱享受的“运动家”一派，因此在整个平台上我们所能感受到的也是这种朝气蓬勃的青春态度。

如果说NIKE是一个有态度的微信平台，那么李宁就是一个有用处的平台。李宁的微信平台更倾向于直接传递产品信息。同时，从形式上来说，更像是一个手机版的网页形式。从视觉上来看，分类信息工整完善。从微信平台当中，我们能够直观地辨析出产品的想要传递的信息。

实战建议

在微信平台上，更重要的是要抓住目标消费者的眼球。怎样才能打动不同消费者的内心？关键在于获知不同消费者的核心需求。那么，这里就给大家一些基本的建议和要求。

1. 按照人群巧分类

不同客户具有不同的需求特点，而我们微信平台就是帮助企业挖掘这些不同需求背后的商机。无论是从页面设计还是从内容传输上，都要表现出不同的属性特点。以宜家为例，作为时尚家居品牌，为了捕获目标消费群，宜家的平台奠定了家居的温馨风格。

宜家微信延续家庭家居文化

2. 按需定制

企业划定了离自己最近的消费群体后，就可以开始有计划地进行信息制定。宣传信息要最大程度地满足消费者需求，按需定制就是根据消费者不同需求来制定解决方案。以蒙牛酸酸乳的微信平台为例，酸酸乳的主要消费群体是青少年以女孩为主，品类调性偏向于年轻、时尚、活力，因此在微信平台上，我们关注的信息更容易引起青少年的关注。这正是按需定制，找准消费者口味，抓住目标消费群。

军规七：运营要有计划，做到有的放矢

微信平台和其他的推广平台一样，即使具有很强的及时更新性，也要按部就班地进行推广，切不可一口吃个胖子。微信平台的经营，本身就是一个循序渐进的过程，一方面，需要企业进行自我平台的更新和完善，另一方面也需要在不断地经营过程中逐步了解消费者的需求。哪方面的信息更易于让消费者接受，就应在哪方面加大力度，反之则进行适当的削减。

Sample A：好丽友，公益够朋友

好丽友公益大赛活动选取在学生暑假期间进行。一方面充实了学生的暑期社会实践；另一方面通过公益事件，推动企业良好社会效应的传播。不同的城市组建不同队伍，不同的名称和口号使每一支队伍都具有自己的特点。定期通过微信进行跟踪报道，不仅让更多的人加入到公益互动中来，同时，也扩大了品牌宣传，传播企业价值和正能量。

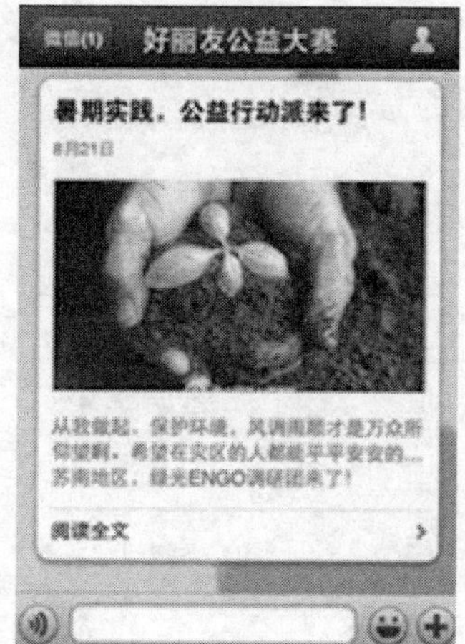

好丽友公益大赛

Sample B：乐视微信，视频也精彩

乐视微信平台是一个敞开式的互动平台。除了获取视频和相关影视剧的信息播报外，通过乐视平台，用户还可以参与平台游戏互动。其中主要分三个板块，即任意搜、情景模式、追剧模式等。而在其情景模式中，采

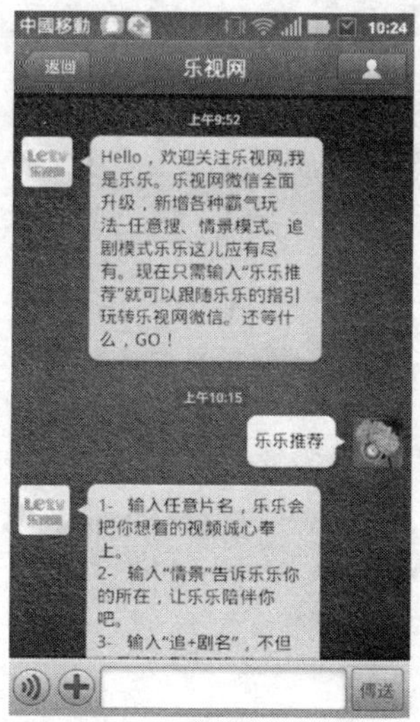

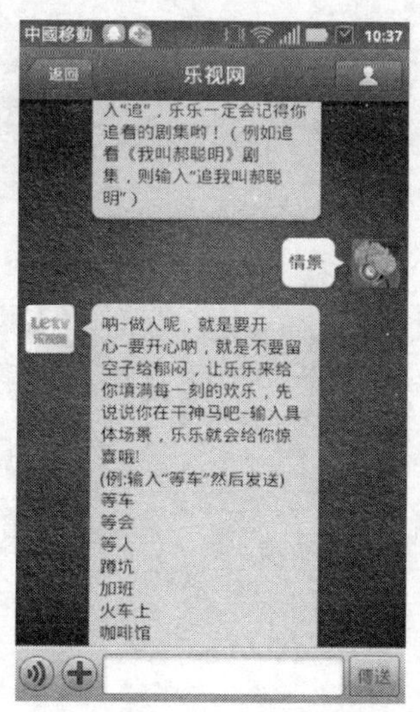

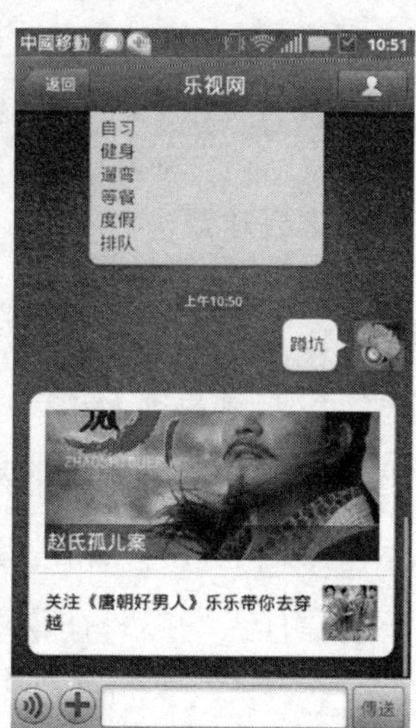

乐视网套用TVB经典台词

用经典的TVB台词作为导引，让人忍俊不禁。选择不同的情景模式，就可以获得不同的信息推送。

案例解析

以上两个案例是信息分类和分期的一个良好实践。在微信平台的信息传播要根据企业的不同发展阶段，同时也要根据不同的时间节点进行把握。

以好丽友公益行动的案例为例，其本身品牌已经具有一定的知名度。那么，在品牌已经积累一定的人气后，深挖品牌内涵和价值就显得尤为必要。从时间节点来说，选择暑期作为活动阶段，一方面是以青春校园作为公益活动的重点；另一方面是想通过年轻力量，传播爱与帮助的正能量。

乐视网微信平台是一个入门门槛很低的平台。所谓门槛低，就是说即使你没有接触过乐视网的其他平台，那么在微信中也可以实现娱乐互动。微信平台的信息传播承接其主营平台信息更新速率，进行实时更新。其传播计划与主营网站相吻合。唯一美中不足的是，微信平台中索取信息的关键字设置显得有些许的复杂，如能进行简化，将更加方便地提升用户体验。

实战建议

在企业进行宣传和传播的过程中，要着力于提升每一个用户的使用体验。我们说营销无小事，每一个用户都是我们提升自己的重要途径。微信平台的提升和运作不能是三天打鱼两天晒网，而是一个持续提升的过程。运营微信的过程实际上就是微信与用户之间关系的过程，最终建立用户对平台信任，增强对企业平台的依赖性。

1. **“一二三四五”**

“一二三四五”，指的是微信平台经营的不同阶段。微信运营主要包括以下几个阶段：即调研、搭建、建设、阶段性目标策划及深入执行的五个过程。企业可以根据自己平台建设，设置不同的发展节点。调研过程中，要进行深入分析来明晰目标消费群体的需求和偏好。随即进行平台的搭建，进行订阅账号和服务账号的区隔。在建设过程中，要阶段性地更新平台信息。阶段性目标实际上是平台转型和提升的过程，最终进入深入执行阶段，将消费者需求落到实处。

2. 客户管理要分组

每一个用户都是企业的一笔财富。在进行微信营销的过程中，无论是出于企业信息调研目的，还是出于提升用户体验的角度，都应该以分类的形式进行客户管理。对于企业而言，我们投入很多时间和精力进行客户发掘，不能在客户维护过程中功亏一篑。微信平台本身就适用于客户分类管理，在掌握了客户基本信息索取行为以后，就要注意通过备注、分组、标星等形式，让企业更加明晰地了解用户需求。通过分类的管理形式，按照不同进展和阶段，有的放矢地进行用户维护。

军规八：客服要引导，让客户信服

客服是一个品牌建立与消费者联系最为直接的窗口。在微信功能应用上，客服要进行及时的引导，给用户更为周到的使用体验。关于其服务功能，在本节中，我们将目光主要集中在微信平台的服务账号中。对于微信平台来说，最重要的不是你的平台每天增加了多少用户，每天向用户投发了多少广告，而是看用户对平台以及品牌的信赖程度。只有与消费者建立深层的信任，才能建立起更广泛的互动和支持。

Sample A：你说要去哪儿就去哪

去哪儿乘机助手是一个综合性服务型平台。在实操功能中，主要囊括了航班周边的信息和预约互动。通过关键数字，可以进入七大平台进行服务预定。包括车辆服务、送机服务、订单查询、问题反馈、城市和包车接机介绍，最后还包含有奖互动内容。在微信平台可以实现第一时间反馈问题，只要直接发送文字或者语言，加上自己的联系方式，就有客服直接与用户进行联系。

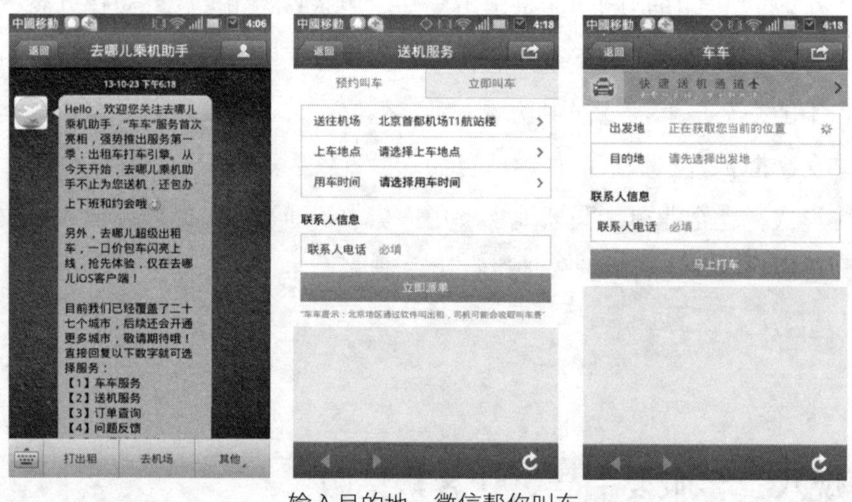

输入目的地，微信帮你叫车

Sample B：南方航空值机服务

南方航空公司在微信运营上，也是以为用户提供便利服务，作为平台重要经营内容。通过南方航空更多的微信平台，用户可以获得航空信息以及特色周边服务。南方微信平台的值机服务实现了平台内乘机手续的办理，是国内首家开通微信值机服务的微信平台。尤其是在春运或节假日，能够有效缓解高峰期柜台服务的工作量。

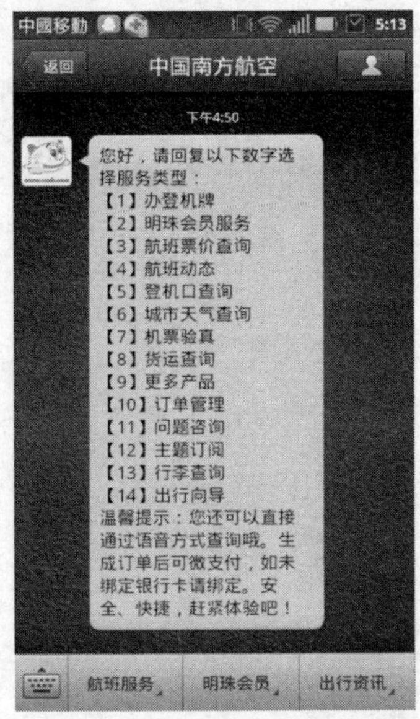

南航平台值机服务方便快捷

案例解析

以上两个案例都是选取微信中的服务账号。服务账号与一般的订阅账号相比，实用型功能更强，服务型信息往往更丰富。用微信经营客服具有传统网页、电话客服无法比拟的优势。最为突出的特点就是其功能速率高，往往能在第一时间获得消费者的反馈信息。两个所选案例同为航空类的服务平台，去哪儿网主推车辆预订业务，而南方航空则是一个以航班为中心的综合服务平台。

去哪儿网的微信平台，优势在于其便捷的支付功能。假设我是一个刚下飞机的乘客，在飞机落地的第一时间，我打开去哪儿的订车业务，到我走出航道区，来到机场门口，一个订车流程就已经完成了。尤其是对一些讲求效率的商旅人士，真正地实现了电子化出行和高效率办公。而在这个过程中，都是在微信的封闭平台完成，可以说在这里，微信平台充当了一个短时高效的电子客服的角色。

而南方航空作为国内领先的航空公司，在服务意识和服务管理上都起到了模范作用。而在微信平台上，南方航空将这一优势继续发扬，为用户提供综合性的服务体验。其分类齐全的功能平台可以说是一个贴心的私人助理。冗长的信息程序和烦琐的出行情况，都在一个微信平台中得到了高效管理。

实战建议

企业在微信平台上不仅要做功能，更要做服务。一个良好的服务平台往往更能加深用户对于品牌的信赖和支持。在微信中，企业可以通过设置专项平台、语音回复、关键词选取等方式进行互动操作。不管选择哪一个互动形式，客服都要做好良好的引导，使微信平台功能在用户当中能够得到最大程度的使用。

1. 多样化功能回复

很多微信平台没有设置功能索引的模块，所以与用户的互动方式一般选取关键词的回复。在前面几节中，我们也曾经提到关于这部分的内容。

10086聊天巧讨用户开心

关键字回复要尽可能简洁。尽量以字母或数字来作为用户的输出方式。最好不要以文字的方式作为输出，影响用户体验。如果一定要用文字作为区分，那么可以选择部分单字，最好不要出现收听一个内容需要5、6字的回复，这种繁琐的输入法会让用户体验大打折扣。

2. *减少一个环节的往复*

如果用户操作不能一次性完成，那么有必要设置下一个环节的信息提醒。要尽量减少一个环节的信息提示，比如用户想进行里程积分的查询与兑换，如果这个过程需要近6、7个步骤的操作往复，就会使用户产生厌倦的情绪，也会降低每个环节信息的敏感度。这样的不合理设置对用户来说，最为直接的体验就只有两点——浪费时间和精力。因此，一个好的客服引导平台往往也发挥着提升用户体验的良好作用。

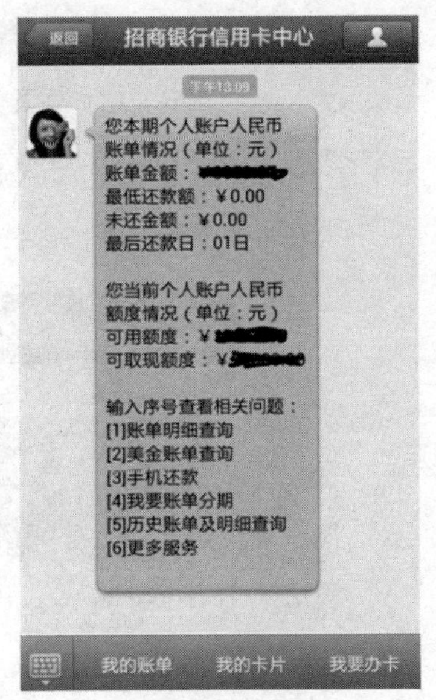

招商银行实现实时查询

军规九：从维护粉丝的角度出发

企业在作出一个重要决策之前，往往会认为这一切都是为了消费者。然而，到底是一厢情愿还是真的情有可原，能够实现有效界定的人不是企业自身，而是天天与产品息息相关的消费者。而在微信平台上也是如此，我们企业要拓宽自己的视野，同时也要真正地实现身份转化。在微信平台的互动要做到从维护粉丝的角度出发，做到一切为了粉丝，为了粉丝的一切。

Sample A：美加净与24节气

美加净的微信平台选取不同节气组织不同的线上活动。与其他企业不同的是，美加净作为国产品牌的代表，在活动中选取了24节气作为活动时间。配合霜降时节的天气干燥的气候特征，进行“迎霜降，送手霜”的产品活动。而“国庆出行大演习”则是一个针对国庆外出旅行的人群制定的问答类抽奖活动。美加净微信的整个页面风格保持了清新的美感，一直与品牌内涵保持高度一致。

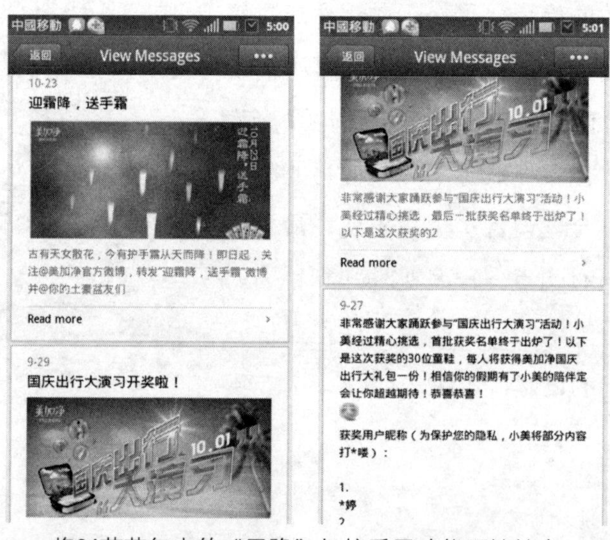

将24节节气中的“霜降”与护手霜功能巧妙结合

Sample B：携程太美，旅途真美

携程太美作为高端旅游的定制平台，从其平台构建开始，就专注于内容精选和用户体验的提升。其平台除了目的地相关信息的选送之外，主要以人文精神作为平台主要传播的支柱。因为太美关注高端旅游，以设计人生回忆为其主要经营理念，因此其微信平台更关注行走的精神力量。

太美作为高度定制旅行平台，深度发掘旅行背后文化

案例解析

每一个粉丝都是企业传播的一个重要窗口，而在微信平台上，我们的传播策略也应随着粉丝关注热点的变化而做出时时调整。每个微信平台都像是不同的电视频道，也都带着自己不同的风格和特点。那么，如何留住粉丝，如何让粉丝成为自己平台的二次传播者，确实是企业微信平台需要完成的挑战和目标。

美加净的微信平台一直保持了品牌独特的气质，在内容设置上也颇为用心。作为国货经典的代表品牌，微信平台上的美加净具有浓郁中国本土化特征。利用中国传统的农时作为节点，巧妙地将自己品牌特征融入其中，具有很强的代入感。同时，针对美加净的消费群体进行微信时时抽奖。在平台上发布信息，也能注意保持消费者用户的隐私度，整个浏览过程没有过度的压迫感。美中不足的是，信息发布的间隔过长，可能会导致信息量过少。

太美的公众平台更关注风情体验和人文关怀。整个微信平台就像是一本华丽的旅行杂志。太美平台传递不仅是旅游活动，更是一种行走的精神。对于其粉丝来说，在高端旅游定制的背后，更希望能接触到的是一种自由自在的生活状态。而根据这一需求为粉丝搭建的平台，更切合用户的需求，同时也更能满足用户内心需要。

实战建议

不管在微信平台上，还是通过其他渠道进行企业宣传，深挖一个老客户比培养一个新客户的成本要小很多。因此，在取得用户后如何维护好客户，也是我们企业要持续做好的工作重中之重。从维护粉丝的角度出发，在这里有几条建议和大家分享。

1. 线上线下一条心

优花网是一家经营花卉生意的网站，在网页设计上，选取显眼位置进行微信二维码的设置。通过网站的线上预订，承接网站下的花卉业务。通过微信上的信息传递，传播企业文化。用户通过二维码的扫描，关注微信平台，为优化网留住了花卉的合作用户。而且通过微信信息的传播，也同样促成了一些用户的回访，不仅留住了老用户，同时也逐步拓展新的用户量。

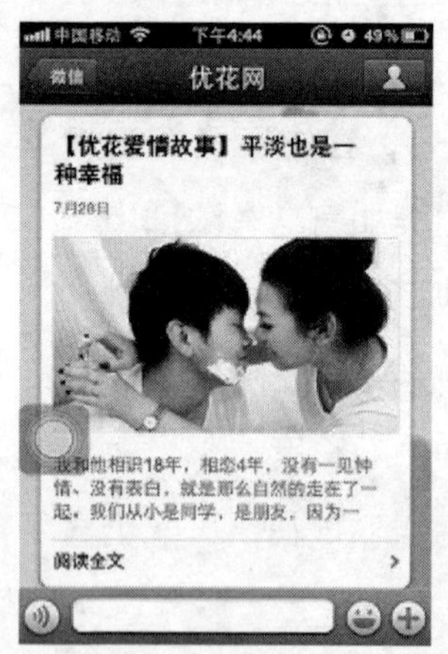

发掘鲜花背后的爱情故事，增加了优花网微信平台的情感互动

2. 锁定潜在用户

很多企业在开发微信平台时容易陷入到误区当中，就是微信平台能给直接带给我多少收益。我们说，对于企业来说，一方面要重视其品牌建设，两一方面也不能妖魔化微信平台的作用。微信功能无外乎有两个，一个是吸引新客户，一个是留住老客户。对于新客户来说，我们所说的吸引，是让用户在有消费需求的时候第一时间想起自己的微信平台。而老客户的长期维护，需要的是提升用户的忠诚度和美誉度。

CHAPTER FIVE

第五章 <<

坚守微信公众平台原则，让营销事半功倍

我们在微信平台上要遵循一定的原则，才能让营销事半功倍。坚守法律，能让世界在和谐规范中获得进步。遵守比赛规则，能让竞技更为公平。在微信平台中遵守规则，才能让商家之前形成良好的竞争效应，推动整个市场不断进步。想要让品牌在微信平台下获得长足的进步，就要遵守微信圈子的游戏规则。

原则一：想宣传自己的品牌，得“软”

现在消费者对于互动传播认知和识别水平越来越高，硬性广告的传播力量越来越弱，甚至会遭到人们的强烈反感。因此，宣传自己的品牌要学会拿捏分寸，正确处理品牌广告的传播方式。软性植入的广告，信息上具有一定的隐蔽性，相对来说，更容易被消费者所接受。那么，在微信平台中，我们不仅要关注自己粉丝的数量，更要关注自己平台精选的内容质量。即使你的粉丝囊括了所有的微信用户，如果你的平台只是简单地进行硬广类的信息轰炸，那么所有信息的传播效率都会归零。

Sample A：亚马逊，微信也能秒杀

亚马逊的公众账号服务平台系统主要分为三个板块，即Z秒杀、Z优惠、Z发现。在微信平台，同时也结合节点进行活动配合。如中秋的“摘月创意大赛”就有很强的趣味性。把“水里捞月、亲手摘月、竹竿捅月”等都与月亮亲密接触的瞬间，生成照片返回平台，就可以获得抽奖机会。操作也十分简单，只要通过微信窗口直接发送图片即可。

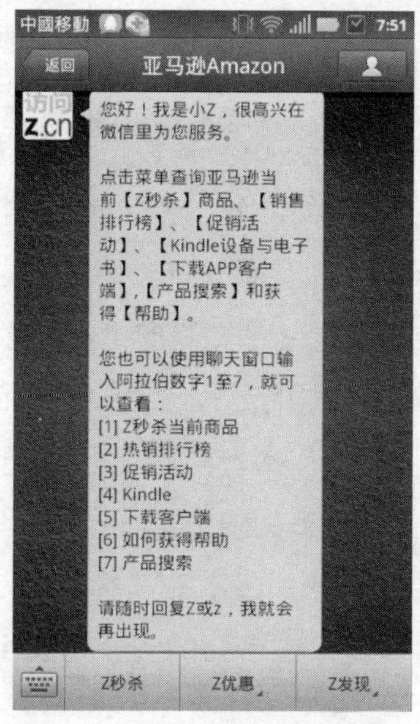

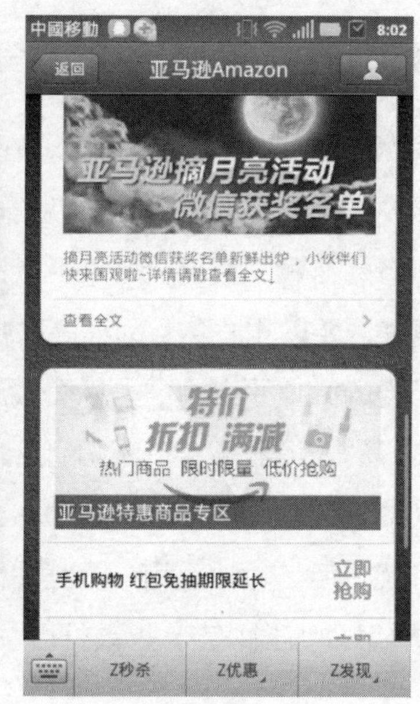

秀出“摘月”图片， 即可参与平台抽奖

Sample B：人人网继续搞怪路线

人人网的公众微信主页主要分为三部分内容，即热门相册、热门内容和主页君聊天。关注后的自动回复采用“盼啊盼啊，终于把你盼来了。”作为欢迎语，让人感受到平台中的亲切自然。通过关注热点事件，人人网继续走起了搞怪路线。少年犯事件一度成为网络热点，而人人网以“柯南体”的语境，对其进行重新解读。不仅通过热点抓住了眼球，同时也起到了寓教于乐的作用。

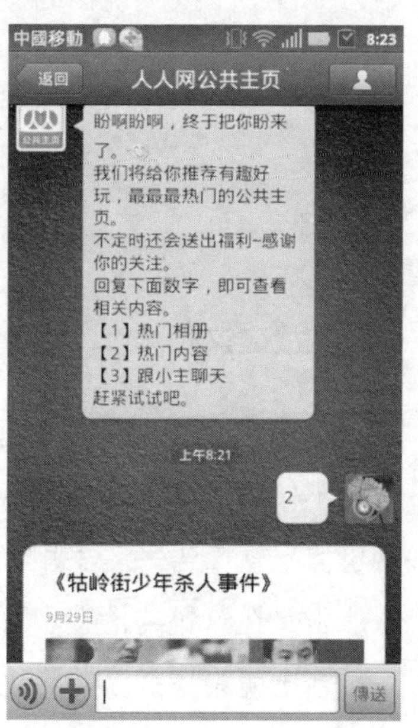

人人网微信以专题内容展示

案例解析

上述两个案例中，我们看到，在微信平台中想要与用户进行和谐互动，一定要避免的是对消费者长期的硬性广告轰炸。硬性的广告推广无法获得消费者的信赖，反而会带来巨大的反感。因此，在信息发布过程中，我们反复强调要以用户体验为最高原则，从而让消费者产生依赖感。

亚马逊的微信平台主要是以公关服务账号的形式出现；日常信息也是以确保良好的售后服务为基本信息标准。亚马逊微信平台更专注于其电商平台的功能延续。因此，其平台虽然最大程度上减少了对于消费者的硬广轰炸式打扰，但是也缺乏用一些互动性消息来引发潜在消费可能。这一方面做得比较好的往往是一些银行微信终端，在下面的实战建议将为大家介绍。

人人网的公共平台将内容重心主要放在热门相册、热门内容和聊天上。不同的内容平台都延续了人人网一贯的轻松社交风格。在热门相册中，平台根据按图说话的方式，进行图文并茂的信息推送。而在热门内容中，则会按照不同时期的热点话题，进行内容放送。人人网的微信平台精选了热点话题，将人人网中最具话题传播的信息，重新加工引发二次传播。然而，美中不足的部分是希望人人网能将社交功能最大程度进行移植。

实战建议

王婆卖瓜的吆喝式营销，早已经远远落后于时代的脚步。硬性的广告方式不仅不能深入拓展产品，还会使消费者产生厌恶情绪，从而有损于品牌价值。软广告一般采用消费者喜闻乐见的形式，更能易于消费者接受。软广告是在营销与消费者可接受度之间，寻找到一个平衡点。而我们在微信平台上所设置的游戏活动、加精文分享等，也都是平台中常采取的重要软性植入方式。

1. 好广告比电影更好看

软性广告信息更符合消费者的实际的生活生态。我们不可否认，随着自媒体的不断发展，很多硬性广告得到逐步改善，生动的软性广告在吸引消费者眼光同时，也给消费者带来了愉悦的观赏体验。交通银行的客户端就做得很有意思，通过图文并茂的信息传递信用卡消费的一些基本常识，同时也会关注热点话题。通过“每天一点正能量”来传递产品价值信息，同时也将产品信息进行“软”植入。例如在《中国的麻婆豆腐，为什么偏要配上日本的大米》一文中，其实将积分和现金兑换的五常大米巧妙地融入其中。

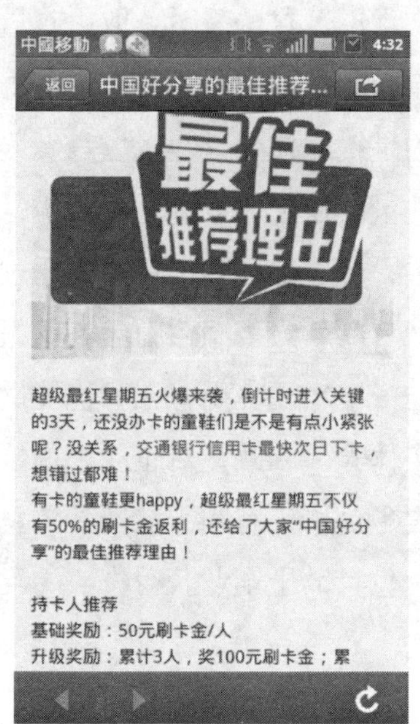

交通银行借力“好声音”，推出“好分享”

2. 和软妹子一样可爱的“软广告”

其实，用户是否持续关注一个微信平台，可能只需要三点就能决定。首先是信息介绍频道，其次是关注后的第一声问候，再次可能是信息平台大体的设计情况。想要让微信平台拉近与对方的距离，为微信平台设立一个昵称是必不可少的。聚美优品的“小美”、亚马逊的“小Z”、壹读中“壹读君”与“壹读饭”等等，都将昵称作为宣传的一个途径，既拉近了与消费者的距离，同时也不失为软广告的一种植入方式。

原则二：有针对性地加粉，绝不买粉

我们常说，君子爱财，取之有道。而在微信平台中，我们也有要坚守的一些原则和主张。无论我们平台的经营处于什么阶段和效果，我们始终要坚持的是：即使粉丝数量增长缓慢，也绝对不能通过商业购买的方式完成粉丝冲量。在上一章中，我们也曾经明确地提出过，要有针对不同客户群体进行平台建设，而绝对不能通过买粉丝的方式来自欺欺人。微信粉丝不仅是企业品牌声量的一个重要体现，同时也能反映消费者的真实体验。因此，对企业来说，一个真实的微信平台不仅有利于消费者信息对外传播，同时也有助于企业获得真实的互动信息数据。

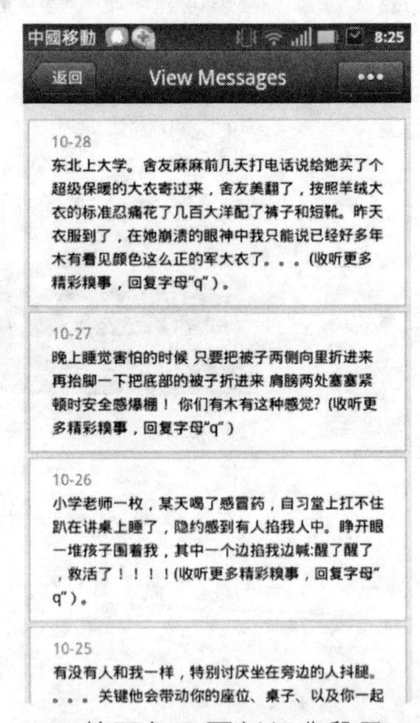

糗百每日更新经典段子，读者看后会心一笑，是糗百平台最大的特点

Sample A：糗糗的微信百科

“糗百”即糗事百科，从网站社区开始，糗百就致力于做好平台，逐步地积累其平台粉丝。糗百一直坚持独特的经营哲学，作为一个完全开放的草根平台，其内容大多

由用户自己创造。因此，对于糗百来说，粉丝本身即是平台最大的财富。在微信平台上也是如此，粉丝的自主创作仍是糗百平台输出段子内容。

Sample B：来，和涯叔聊聊

另外一个依据大众而建立起的社区平台是大家都非常熟悉的天涯社区。天涯社区在微信平台开设了众多的参与平台，而自称为“涯叔”的昵称更是让人忍俊不禁。天涯社区平台主要精选了娱乐八卦、杂谈民生、经济职场、情感家庭、文史鬼话等众多的内容选集。另外，还可以向微信平台提供相关意见，还可以通过微信平台与“涯叔”聊天。在最后还调侃了用户，“不想再看”——请你关机！诙谐幽默的轻松感觉，从网页一直延续到了微信平台，更平添了趣味性。

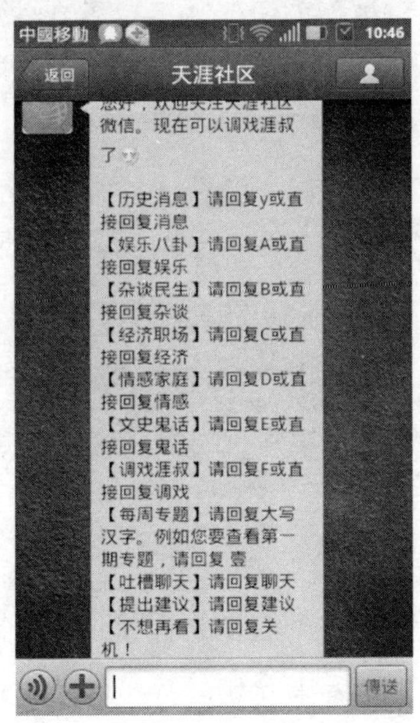

有心事，和“涯叔”聊聊

案例解析

本节之所以选取两个社区案例，主要是因为社区平台生存的基础就是要聚集大量的人脉。而“人走茶凉”这句话在社区平台的经营中显得尤为重要。对社区平台来说，人气就意味着一切，不仅意味着社区平台的现在，也意味着社区平台攸关生存的未来。因此，作为企业主来说，如何经营自己平台，维护好粉丝，不如来向这些因粉丝而生、因粉丝而亡的社区平台学习。

糗百即糗事百科，是以搜集草根的糗事，作为一个趣味分享的信息平台。基本上其中所有信息都是网友自行制作，发布到网站之上。而在微信平台也是如此，保证其信息从网友而来、向网友而去的特征。在其微信平台中，基本保持了每日信息更新的速率，主要形式采用加精文章的形式。尽管在微信形式上没有特别的创新形式，但是其加精文章却有很大的二次传播价值。尤其是其内容大多能给人会心一笑的功能，十分适合在微信平台进行转发而分享，促成二次传播。

而天涯社区的微信平台则是作为分类综合信息形式。天涯社区的微信平台更专注于平台内的信息体验。在微信平台内，用户可以获得多样化的体验，其趣味程度绝不亚于在网页获得的信息。尽管选择众多，但是我们看到微信平台操作简单便利，以文字或者字母关键字方式即可获取，而回复的信息通常采用的是采用图文并茂的方式。

实战建议

企业形象确立的过程是一个漫长的积累阶段。确实，微信平台的打造也不是一个一蹴而就的过程，因此粉丝数量的确立也需要企业逐步进行积累。不能因为一时的贪图数量而购买粉丝，这样的行为会错失培养优质平台的过程。那么，下面我们来探讨下优质粉丝养成记。

1. 定向粉丝群体

如果在搜索粉丝踪迹时不对粉丝群体作以圈定，就像是在茫茫人海中的寻人启事，毫无线索和踪迹。同时也会造成其核心信息不明确，各个方向都有涉及，会造成其内容分散，无法集中形成统一的声量。因此在微信账号注册之前，企业要根据自己产品和品牌的主要受众进行人群定位，将目标粉丝锁定在一个或几个群体中，随即就可以整合式传播。

2. 广交“微信朋友”

和人交往也是同样道理，我们在微信平台上要学会多多利用品牌联合的方式，进行活动营销。利用品牌联合的方式，来增加自己品牌的曝光度。或者是通过信息互推的方式，以大号带小号，达到多项互动。简单说就是借用一些微信大号，带动自身微信平台的粉丝拓展。对于企业来说，这是最为直接的微信推广方式，在短时间内能够帮助企业建立粉丝群的迅速增长。

3. 各大社区处处“留情”

除了在自家门口和平台宣传微信之外，还要学会大胆的走出去。企业可以选取网民密集的社区网站，作为微信平台的信息传播窗口。博客、贴吧、社交网络等传统网络平台仍然聚集着相当稳固的粉丝群体。因此，可以采用浮窗或者是软文形式，直接对微信平台进行宣传。

原则三：操作尽量简便

现代人的时间越来越趋于碎片化，人们的注意力焦点很容易被爆炸性新闻事件所吸引，同时也很容易便随时间而流逝。信息持续更新速率加快，一个全国性热点话题最多可能只能持续7天的传播效应，随即就被其他信息所覆盖。人们的信息不断更新，对于一件事情人们不可能花费过多时间进行关注。因此，微信平台的操作对于用户来说，自然是越简单越好。

Sample A：我买网微信的傻瓜式操作

我买网作为一家综合性电子商务平台，在其微信平台一直秉承着简单操作的基本原则。即使是如此巨大的电商平台，其微信平台呈现出来的也不过是几个数字作为关键字索引。数字操作分别可以获取企业信息、移动端下载、最新活动等。以“喝百威，送车模”为例，其实是通过晒出喜欢赛车的理由，分享给好友，即可参与“车模”抽奖。什么，送“车模”？想到哪去啦，是法拉利汽车的模型哦。妙趣横生的游戏，在短期内便吸引了众多用户参与。

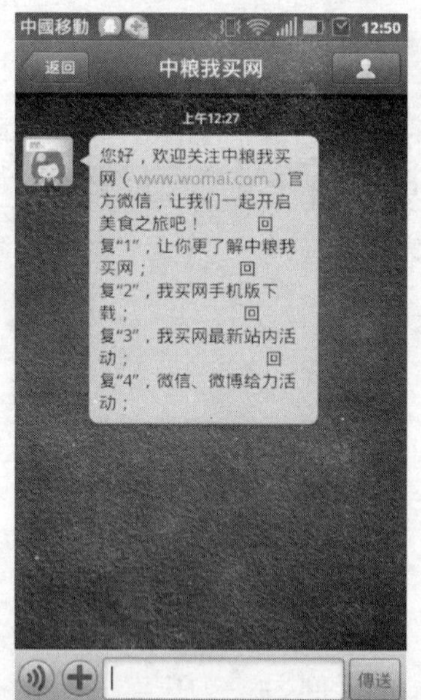

我买网配合节日点，优惠活动多多

Sample B：智联时刻招聘分享

智联招聘在自己的微信平台中主要也继承了其网页功能，在微信平台持续关注求职招聘的相关信息。微信平台主要分为三个板块：最佳雇主、求职利器和每日简历。按照模块分类，操作简单便捷。通过微信平台开展“最佳雇主”活动，引起热点话题讨论。“求职利器”分为下载、搜索、助手、测试几个部分。“每日简历”则是拣选名人事业发展历程，通过模范的力量，为人们传递职场生活的正能量。

“最佳雇主”模块中的文章以微信为源头，在网络上流行开来

案例解析

微信之所以能在众多的平台中脱颖而出，其简单便利的操作系统是颇为重要的一个因素。尤其是在移动传媒终端，人们对时间和效率的要求远远高于以往的任何一个阶段。因此，企业在经营自己微信平台时候，一定要将操作简便作为先行原则。无论自己平台上的内容有多丰富，如果没有

一个好的操作体验，用户也会率先弃之而去。

我买网的微信操作平台，其实是我买网网络资源的一个索引。透过微信，将原有的企业活动、线上互动等进行统一的整合。在我买网的操作平台上，用户可以选择自己关注的领域。微信平台会以信息发送的方式，向用户传递每期促销信息。在操作上用户不用花费任何心思，即可关注信息。

而在智联招聘的微信平台采用了模块分类的方式。通过分类操作页面将信息清晰地展现在人们面前。在操作过程中可以使用户尽量避免繁琐的关键字输入等环节，利用点击即可完成内容的筛选。相较于关键字输入法来说，这又是一个提升用户体验的升级过程，近乎傻瓜式的操作模式让用户轻松完成信息获取。“想看哪里点哪里”，这句玩笑话可谓高度概括了其微信平台的简便操作。

实战建议

在操作过程中，我们要尽量让自己的微信平台操作更简单，按最简原则进行操作设置。微信平台可以实现信息获取和面对繁多的功能和形式，为最简单地获取关注信息，可以设置最简化的流程。

1. 注册也要多样化

通过关键词来进行公众账号的搜索，只是一种方式。其优势在于可随时随地通过网络迅速搜集到公众账号信息。此外，还可以通过在社交网站或网络社区上投放二维码，设置“轻松一扫即可关注”的环节来跟进公众账号。同时也将微信头像设置为二维码图像，方便消费者扫描和关注。

2. 接收信息要简洁

除了通过关键字简化内容以外，还要注意信息接收过程也要给消费者带来便捷体验。我们在前面几章中已经谈过关于核心内容的设置问题。微信平台的内容传输不太适宜做视频的推送，一来是受到网速限制，可能造成用户等待时间过长，甚至造成死机。因此，除了要对关注方式进行优化之外，也要注意用户接收信息的方式，考虑信息体量是否会给平台粉丝带来干扰。

原则四：让员工参与微信

日前一则"来往挑战微信"的报道见诸各大媒体，其中有一条是称，马云在公司内部发贴，要求每个员工拓展100名来往用户，并将100以上部分的推广量与年终红包挂钩。毕竟这是阿里人的"家事"，我们作为非阿里人，除了感慨万千外，确实也能从中学习到一些可以汲取的养料。"让员工参与微信"确实是企业增加微信互动和曝光率的一个重要途径。

Sample A：小米手机的惊天团队

网上流传着这样一组数据：9∶100，这绝不是彩票中奖的几率，而是小米手机微信客服与粉丝之间的数量对比。百万粉丝背后，维护最海量操作作业的居然是9名客服人员。小米的手机微信平台后台中，9名客服人员每天都会即时处理平台上的维权投诉、交易处理、信息公布等。其9人"惊天"团队包揽了小米所有的网上营销业务。小米托生于互联营销平台，随即在微信上安营扎寨，作为客服服务平台。小米团队进行的每一波饥渴式营销，都正中市场的概念式

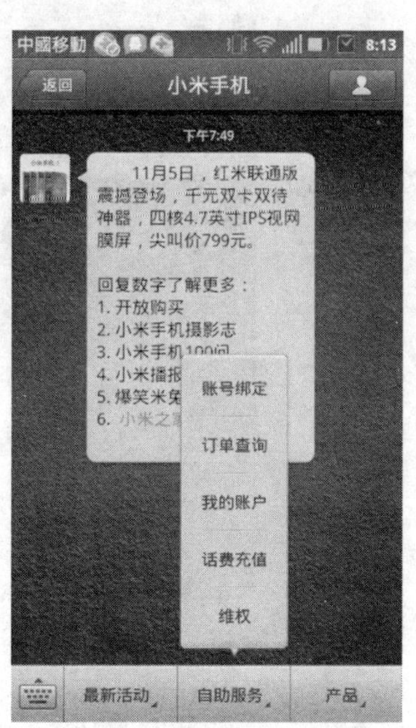

小米可以通过微信窗口购买并且享受售后服务

稀缺。作为最早的网络原生态营销团队，微信作为其服务后台，扎扎实实地做起了产品售后服务。

Sample B：1号店线上高度整合

作为O2O平台，1号店网上商城从诞生起就依赖线上线下的高度整合进行业务覆盖。在其微信平台“1号生活”中，则可以体验趣闻和活动，“1哥趣事”发布的是关于1号店的最新动态消息。如在“一定有惊喜中”，1号店成功上位为“土豪”，联合微博为用户推送福利。1号店发动员工大举进行的“1统食界，舌尖上的联合国”，将进口商品作为组合档，进行线下品尝与线上采购营销，再通过物流精准投放配发，具有很强的参与性。

1号线活动促销，线上传播声援，线下活动支援

案例解析

最大程度调动身边的“有声力量”，让微信平台发出最大的声量。这里说的让员工参与到平台中，其实包含两个方面的内容。一方面是指尽量

以人工客服替代机器的机械回复，这里所说的替代是针对一些重要环节，比如对口碑有极大影响的投诉处理问题。另一方面是让企业员工参与信息互动，支持平台内的信息、评论等。

以小米手机为例，可以说小米手机是生在网络时代，长在网络时代，小米手机的风靡正是靠了互联网的点睛一笔。小米手机最初的互联网营销开了国内新型营销模式的先河。在微信平台内，加大人工客服的力度，替代冰冷机器的回复，确实能够提高用户体验，同时也能及时有效地反馈出真实的用户声音。

1号店的信息平台中，我们看到其订单服务管理及动态信息的发布都是仿拟员工的视角。用户参与其中，就是亲历与员工进行对等的对话。那么，如何让更多员工参与到企业的微信平台中呢？下面就给大家几点建议。

实战建议

如果说员工是企业的一笔财富，那么他们既是创造实际产品的有形财富，又是能够传播品牌口碑的无形财富。员工作为企业的一员，从传播角度来讲，本身就具有不同于他人的价值。与消费者相比，企业员工更了解企业内部的经营，因此其传播的信息具有更高的可信度。

1. 规定不如奖励

对大多数企业，我们建议以奖励的方式，鼓励员工加入到微信平台的传播中。号召企业员工用个人账号转发或者分享相关企业微信信息。在必要的时候可以采取奖励的方式，例如增长或者维护了一定数量的粉丝，则给予一定的实际奖励等。

2. 统一化信息传播

在微信平台之外，我们还可以利用一些社交网站或者社区网络资源。例如可以提倡员工将其QQ头像替换为企业微信二维码，增加其企业微信的曝光度。在微博或博客平台中，鼓励员工发出微信邀请，动员其身边朋友加入到自己企业的微信平台中。

3. 从高层到基层的全面覆盖

将员工纳入到微信传播计划的方式，不妨从高层开始小规模展开，经过一定阶段的积累，再由上至下进行传播。盲目地要求所有员工进行全方位动员，可能会让企业失去自主权，传播可能会出现失控的现象。因此，建议企业从高层员工开始，先积累一些推广传播经验，待相对成熟后再根据具体情况，对大部分员工进行集中培训，打好全员传播的准备战。

原则五：营销味不要太浓

身处广告传媒圈的创意人们已经感同身受地体现到宣传渠道带来的内容上的双向提升，然而，随着营销方式的花样翻新，消费者鉴别能力的提高似乎比我们营销方式进步的速度更快了一步。在营销活动中，消费者不仅要获得实在的优惠，同时也要看到背后内容上的创新体验。如果让消费者嗅到了广告的味道，大多数时候他们会掉头转身而去。在很多亲民化的微信平台上，我们看到广告摆脱了王婆卖瓜的硬推形象，更多广告致力于和消费者一起玩得开心。

Sample A：凯迪拉克的“66号公路”

凯迪拉克的官方微信平台将品牌内容和品牌活动整合在了一起。在不同车辆的剖面图上可以看到车辆内部不同的创新设计。而“66号公路”这一活动可以说是凯迪拉克微信平台的代表之作，不仅联手明星做起了微电影，同时还玩起了实地路况。其实发布即时路况信息本已是司空见惯的事情，但凯迪拉克却只关注于“66号公路”（被美国人亲切称作“母亲之路”，从芝加哥一直横贯到加州圣塔蒙尼卡）一处的路况信息。这一活动不仅是对于路况信息的实时更新，更是对于66号公路精神的深入挖掘。

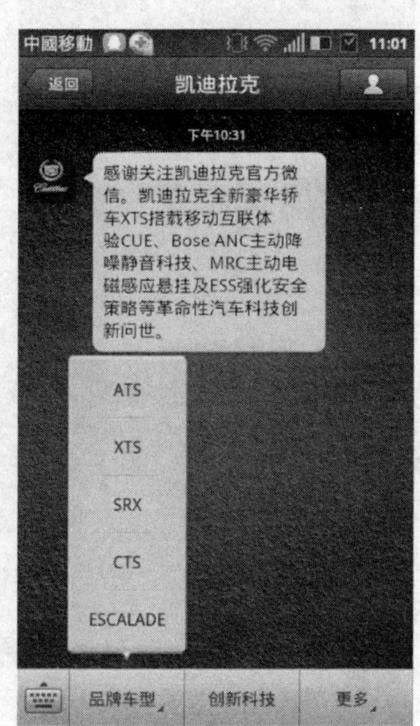

凯迪拉克通过“66号公路”输出品牌感性诉求

Sample B：“回家是福”金六福

金六福将自己微信平台名称确定为“幸福公社”，在其平台内不仅可以了解关于品牌、产品以及产品购买的直接信息，同时也可以关注到“幸福公社”的活动。以近期的“好久不见，好地方见”活动来说，通过网络平台的延展，活动的辐射范围甚至通达全球。该活动主要在微信平台运营，将微信平台作为传播阵营。而金六福真正成名作之作则是“春节回家互助联盟”活动，在北上广及青岛、长沙五地区同时开展春节回家拼车活动，引起了广泛关注。

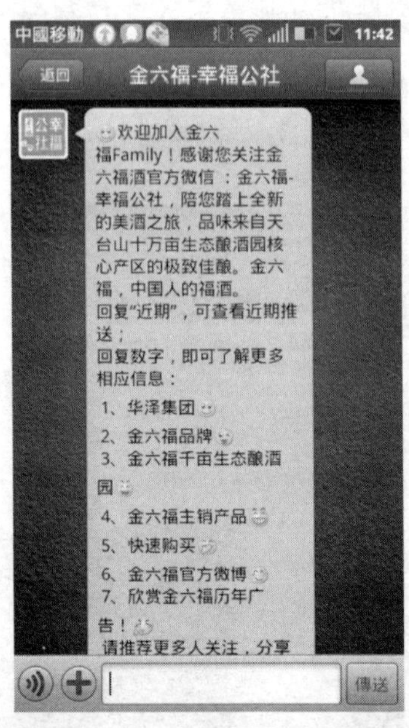

"回家是福" 金六福

案例解析

我们看到，无论是凯迪拉克还是金六福的微信平台，其实都是借助于公众性话题引发广泛的社会宣传。我们在做平台之前，要考虑到企业除了赢取利润之外，更要利用其公信力来承担一些必要的社会责任。

我们看到在凯迪拉克的平台，企业不仅提供关于自身的品牌信息，同时也提供了企业正在进行的一些活动。从整体来看，尽管凯迪拉克微信平台还是从销售本位上进行微信平台包装，但是从活动来看，整个平台更像是一个品牌的新闻发言人。通过互动形式，尽量摆脱单一和枯燥的硬广告植入，通过制造一些大事件，在微信平台中借足声量，进行二次传播。

金六福"幸福公社"微信账号尽可能摆脱了品牌的强硬姿态。通过对热点话题进行探讨，从而建立社会上对金六福现象和金六福话题的自动传播。金六福对市场需求和消费者情感结合向来具有很好的把控程度。无论是借力春运，倡导人们拼车回家，还是在"好久不见，老地方"活动中倡导校友团聚，都将品牌形象和活动内涵，做了很好的结合。

实战建议

企业在运营微信平台的时候首先要抛弃固有的营销思路。想要在微信营销中打开自己的局面，要先放下自己的功利意识，潜心为客户提供优质的交流平台。近日微信5.0.3的版本问世，尽管拥有近6亿的用户平台，却并未让这个巨无霸体无限地进行商业膨胀。新版本中诸多平台的开发也正在缓慢推进中，一些不符合用户体验标注的功能正逐步得到改善和消除。

1. 做好服务生

在微信平台中，想要积累人脉，就要先从“服务生”做起。路况信息、天气预报、客服查询甚至投诉申诉，都可以作为对消费者服务的内容。我们看到的百度地图平台就是从为用户服务开始，不断深入积累自己的粉丝数量。我们说战争之道，“养兵千日用兵一时”，微信平台宣传之道也是如此。对平台粉丝要先做好积极维护，才有可能在通往商业化之路以前就先攻克用户内心。

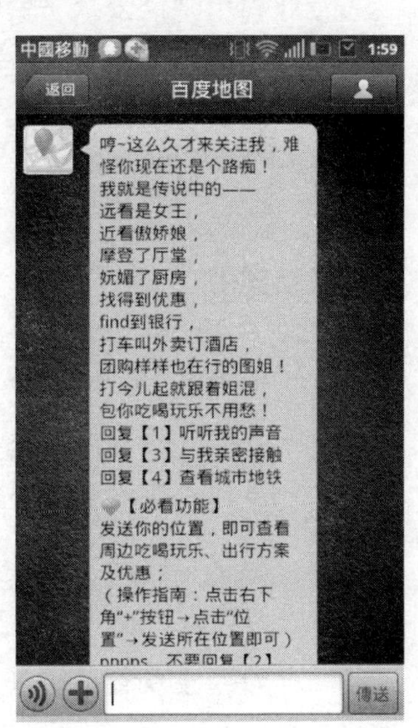

百度地图为用户提供全方位搜索服务

2. 有信赖才有沟通

在微信平台中，有信任才有商户与用户之间的沟通。然而，这种信任的建立并不能仅仅通过叫卖式的广告来完成。相反，是需要企业长时间地进行用户维护才有可能建立起来的。因此，在微信平台建立之初，企业要放下自己姿态，多用心思开发与自己品牌匹配的活动，获得消费者不断积累的信任感。只有获得了信任感，品牌在消费者心中才能形成很高的忠诚度，这个时候品牌号召力才能利用微信平台做得更强大。

原则六：把握好内容的发送频次

企业利用微信公众平台做营销时，需要提高粉丝忠诚度，而让营销事半功倍，需要的不是疯狂炸弹式投放广告，反而应淡化营销，避免引起用户反感。一味发放广告只能让用户反感，这就要求企业把握好内容发送的频次。

成功案例

Sample A：二手店也可以在微信平台上火起来

“二手汽车”在微信公众平台上是一个被广大用户认可的二手汽车交易平台。该微信公众号建立后，便通过这个平台来向用户推送消息。由于其属性是订阅号，所以该企业可以每天向客户推送一条消息。

一开始，在获得第一批粉丝后，企业负责人认为只有不断推送消息，才能让更多新粉丝加入。于是每天都向用户推送消息，甚至没有任何时间观念，如果负责人早上想到好的话题，就大清早发送；如果半夜想到消息就半夜推送。时间不固定，发送太频繁，造成很多用户取消了对该企业的关注。

后来，企业负责人发现这样不可行，便改变了做法，由原来的每天发送改成每周推送两次，推送消息的时间选择在晚上19～20点。

经过这般改进之后，汽车二手店的人气又一次高涨起来，很快赢了老客户的重新喜爱，一些新粉丝也纷纷加入。

二手汽车消息在19点左右向用户推送

案例解析

把握好微信平台的内容发送频率才能真正做到人性化营销。如果企业像一个信息投放器一样，无论何时何地都向用户投放消息，那么客户很可能会对你的这种“骚扰”感到反感。

而失去客户订阅和关注的企业微信公众号，即便版面、布局设计得再完美，也将没有任何营销意义，不能取得理想效果。所以，企业务必要把握好内容发送的频次。不可太频繁，也不能长时间忽视客户，能否煲好微信这锅汤，也就在于此了。

实战建议

消息不在于发送得频繁，而在于发送得精准到位，在于能否发送到目标人群之中。那么怎样才能准确地将消息发送到目标人群中，把握好微信平台内容发送的频次呢？

1. 一周两次最合适

很多快消品、电商企业等可能需要每天都向粉丝发送消息，以此来传送自己的促销产品和优惠活动。但是就大多数企业来说，天天推送消息很容易让粉丝产生厌恶。有一位热衷玩微信的女士，她的手机微信中有很多化妆品、美容店、商场等微信号，一开始确实通过接收这些推送消息而获得了很多帮助。但是，时间久了，她开始反感这些企业每天都向自己推送信息。自己如同接线员，一打开手机便信息提示不断，有时候，这位女士打开微信朋友圈一看根本没有有用信息，甚至很多都是重复的。后来，她干脆取消了某些公众号。

其实，这样的用户占大多数。所以，企业一定要慎重把握好内容推送的频次，最好一周两次。这样不但可以让用户产生对该企业的期待之情，还让企业有时间精选更好的消息和话题推送给用户。

一周发送两次教育信息的“卡耐基教育培训管理”微信平台

著名的教育培训企业卡耐基教育培训公司在其微信公众号上向粉丝发送消息的时间就把握的很好，通常是一周之内发送两次消息。这样一来，该企业不但能够将更好的消息推送给用户，也不会打扰到用户。

2. 推送时间要统一

企业推送消息时可以每天推送一次，也可以两天推送一次，也可以一周推送一两次，但无论哪种方式推送，都要尽可能地将推送时间统一，也就是说今天推送的时间和明天推送的时间要一致。

如果是电商、快消品类的企业，可以在每天上午10点左右，或者选择与自己网站更新时间一致的时间来发送消息，让用户在第一时间收到商品更新信息；如果是新闻、媒体类企业，可以在早上8点到9点的黄金时间，如爱范儿（在中国潮流女性群体中，具有较大影响力的中文娱乐健康生活信息网站）一般在早上8点左右向用户推送即时消息。

爱范儿的消息推送时间在早上8点左右

如果是娱乐、餐饮企业，那么可以在中午用户疲倦、劳累的时段来推送消息。

当然，晚上8点到9点这个时间是微信推送消息最黄金的时间，能够将信息更快更准地发送到目标用户那里。

原则七：灵活利用与其他工具的匹配使用

在微信营销这把利剑刚出鞘时，就有人问：如何让微信营销快速成功？其实任何事情都没有捷径可取，但是对微信营销来说，只要用对方法，坚守原则，就是捷径，比如灵活利用与其他工具的匹配使用就是捷径之一。

这一点其实就是想让企业明白：虽然要按照公众号的运营原则来营销，但也要灵活多变，善于运用外在的一些工具来匹配使用，这样才能让微信营销战无不胜。

Sample A：炭烧咖啡馆的表白日

位于宁波市区繁华一角的暖心阁90度炭烧咖啡店，通过微信共公众号营销收获了第一个的高营业额。而问这家店的成功秘诀是什么，恐怕就是店主利用多种工具来配合微信营销，所以达到了满堂彩的效果。

安安是一位咖啡店附近的大学生，2013年5月20日这天他遇到好友小鹏，两人的见面语是："你在微博上看到了吗？炭烧咖啡店今晚举行'520'表白活动的消息，关注微信公众号还能够参与现场互动，获得店主的优惠呢。"回音则是："我也在QQ群中看到了，晚上一起去吧，顺便叫上我们寝室的那两个花痴。"

没错，该咖啡店正是利用了微博、QQ群等一些微信以外的其他即时发布通讯工具来店里的消息快速传达到目标消费者那里，也顺便地宣传了该店的微信公众号。

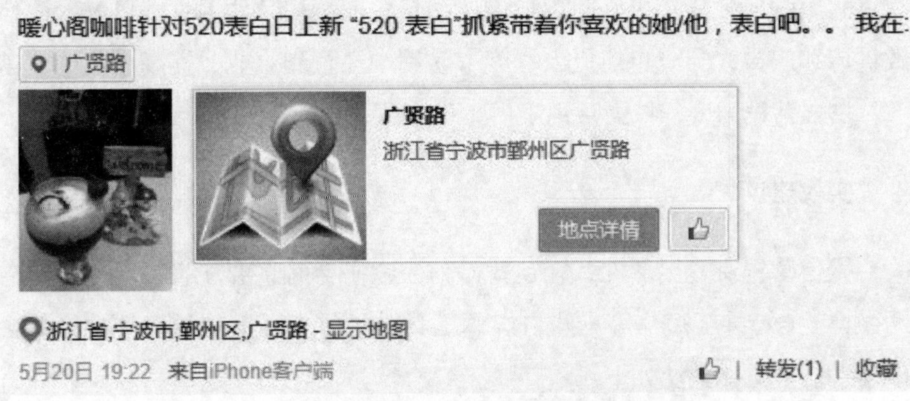

炭烧咖啡店“520”表白活动

微博首页的炭烧咖啡店“520”告白活动信息

案例解析

企业在公众号运营中，灵活运用微信之外的一些自媒体工具来宣传自己微信号，其实不但可以跨界互相推广，还能够增强企业的活跃性，让企业的人气更旺。俗话说："旺则生财"。只有人气旺盛，微信以及各方面的网络传播工具火爆，才能激发用户去参与和消费。

利用微信公众号可以向用户推送消息，而利用其他工具则可以为微信做宣传和广告，同时也能更大程度上让用户注意到企业，提高企业的覆盖率，增强营销力度，扩大营销规模。

实战建议

微信营销讲究灵活性，在运营微信公众平台时也要注意其灵活性。借助微博、QQ甚至短信等一些自媒体工具进行综合匹配使用，其效果将会事半功倍。具体做法如下：

1. 运用自媒体，借力打力

很多企业在建立微信公众号之后，往往会运用自己此前的各种网站、论坛、QQ、微博等来为微信公众号宣传造势。这是一种不错的方式，俗称"借力打力"，只有这样，才可以彼此都进步，共发展。

比如蒙牛乳业在自己的微博首页中就将官方微信的二维码打在了"头条"的位置，这样用户在关注蒙牛乳业微博的同时也能关注到蒙牛的微信公众号。

蒙牛微博首页上的微信二维码

试想，如果企业建立微信公众号后，不能灵活利用这些自媒体工具来宣传微信号，那么微信号又怎能获得第一批忠实粉丝呢？没有粉丝，又怎能获得第一个微信订单呢？

2. 口碑相传结合病毒式扫描

微信营销是一种即时性和互动性较强的方式，因此在微信公众平台上可以尽可能地与客户互动，发送即时消息。但想要在企业微信公众平台得到好的口碑，就要借助外在工具，比如领导、知名人士的口碑相传，以及网络中流行的病毒式扫描。

甚至还可以借助顾客的力量和传播工具，来为企业微信公众号做宣传，激发群体的口碑效应，将企业产品和服务遍布网络与现实生活中的每个角落。

原则八：多搞有奖竞猜

在微信公众平台上想要获得粉丝认可，除了按照一些基本的原则之外，还需要多搞一些有奖竞猜活动，这是吸引用户参与的良好方式。在这种竞猜氛围下，用户会逐渐了解企业信息，对企业另有一番认识。

事实证明，企业通过有奖竞猜活动取得的营销和推广效果是不错的。下面我们根据两个企业的营销方式来看看举办活动所带来的良好效果。

Sample A：海南航空为粉丝赢取机票

2013年7月份，海南首架787波音飞机（又称“梦幻客机”）到达海口。为了让广大粉丝充分感受到波音787的独特，海南航空在其官方微信上推出了“有奖竞猜”活动。希望借助这种互动活动来帮助用户更多地了解海航的变化及服务水平。

当然，在活动中，海南航空也为粉丝们准备了丰厚的礼品。从7月11日到8月11日，凡是关注海南航空官方微信公众号的用户都能通过“有奖竞猜”环节来获得大奖。海南航空在自己的微信平台上时刻公布获奖的名单。

据悉，海南航空为这次活动设置的奖品包括豪华机票、海航代金券、飞机模型等。此次活动后，海航的微信平台在短时间内聚集了上万名粉丝，海航的招牌更是名扬四海。

“有奖竞答”四个大字在海南航空微信中格外引人注目

轻松一点，便可查询“有奖竞答”获奖名单

Sample B：在KTV里收到圣诞老人的礼物

邳州宝乐迪KTV在2013年圣诞节期间推出了“迎圣诞，玩游戏，狂欢获得圣诞老人礼物”的活动。活动的主要内容是：用户登录该KTV的微信公众号后，可以进入玩游戏环节，通过玩游戏进行有奖竞猜。

此活动中的游戏分为三个环节，第一个是用户用筷子夹乒乓球比赛；第二个环节是猜歌名大赛；第三个环节是游戏结束后，将有神秘的圣诞老人进入包厢，向用户送上精美的圣诞大礼包。

这次活动不但设计新颖，而且充满节日气氛，令很多年轻男女备感兴趣，他们纷纷拿出手机，添加该KTV微信公众号参与这个活动。据悉，在圣诞节前，该企业的微信公众号就已经接到了数百名用户在微信上的踊跃报名。该企业微信公众号的粉丝在一夜之间增加了上千人。

祝大家圣诞节快乐！
圣诞节宝乐迪来了位圣诞老人给你送礼喔！
而且还和你玩各种游戏送礼物喔。
活动1：超市筷子夹乒乓球，有礼物喔。
活动2：大厅猜歌名，圣诞老人为你送礼
活动3：圣诞老人进包厢送礼
更多活动等你来宝乐迪领取喔。
亲.期待您的光临喔。
送礼地址：邳州市锦江广场向南100米宝乐迪KTV

邳州宝乐迪KTV圣诞期间的玩游戏活动

案例解析

“有奖竞猜”活动不但可以让企业微信公众平台活跃起来，而且还能够让粉丝感受到新鲜的体验。事实上，一个充满新意的微信活动或有奖竞猜能在很大程度上为企业微信加粉，提高人气。

比如某体育类的微信公众平台为在短期内积累粉丝和人气，推出了有奖竞猜活动，在微信上参与竞猜运动员、奥运冠军、比赛项目等内容的问题，答对十题上就能够获得体育器材、比赛门票等。通过这样的活动，该体育微信公众号上的粉丝在短时间内暴涨了3倍。

可见“有奖竞猜”会带来强大效果。因此，企业在微信公众平台上要多搞些类似的活动，让新老粉丝积极参与。

实战建议

在公众平台上向用户推送消息时，企业一定要注重思考，灵活多变，不一定推送固定的消息，可以换用多种方式。利用竞猜等活动不但能达到营销目的，还为企业作了品牌宣传。那么企业该如何进行有奖竞猜的活动设置呢？

1. *有吸引力的活动才能让用户主动参与竞猜*

很多企业在微信公众号上的确推出了“有奖竞猜”活动，但是却并没有引起客户的注意，甚至很多客户看到了活动消息却并不为之所动。这其中的原因有两点，一是活动设置的奖品不能打动用户；二是活动缺乏新意，难以让用户主动参与其中。

Monica美甲美容店的微信大抽奖活动

鉴于这两点，企业必须想办法让用户变主动，要将活动设置得新颖一些。比如可以设置一些电影角色换位的“有奖竞猜”，还可以利用当下流行的网络热点来制造“有奖竞猜”活动主题，这样用户才能主动参与。

比如Monica美甲美容店在微信公众号上推出了利用大转盘来抽奖的活动，这种创意手法好像让每个用户感觉来到了充满魔法的乐园，十分富于乐趣和吸引力。

2. *多方面宣传“有奖竞猜”*

当企业在微信平台中设置了这类“有奖竞猜”活动时，还需要依靠多方面的宣传才能聚集人气，企业可以利用“小号”（非官方的企业微信）来在朋友圈中分享和推广信息，群聊发送的活动内容，或者利用其他工具互相配合利用来宣传。多方面传播才能让企业的“有奖竞猜”活动信息传送到目标人群，吸引更多粉丝。

原则九：解答用户的问题一定要及时

企业要想在微信公众平台上获得营销成功，或者取得大量有价值的目标客户，需要为用户及时解答问题，用热忱的服务态度来感化用户，让用户体验到企业人性化服务和理念，让粉丝对企业有详细的了解，才能让他们“爱”上企业微信公众号。

Sample A：问什么就有什么的教育培训机构

紫光教育培训学校在微信营销中取得了巨大胜利，这对于教育培训行业来说是十分罕见的。因为很多教育行业在微信营销中都败走麦城，最大的原因就是没有为用户及时解答问题。

多数教育培训企业只是在微信公众平台中设置一些自定义的自动回复，将原本准备好的可能发生的问题答案发送给提问的用户。但事实上，这样做远远不够。

紫光教育培训机构不但设置了自定义回复，还设立了专门的微信客服人员，用人工回复来及时为用户解答疑难问题，比如很多用户会针对教育培训来询问具体的学习方式、报考资格、考试科目等，人工回复比自定义回复更可信更及时。

有些人因为不明确教育培训的目的而感到迷茫，如果企业能够及时为用户解答问题，很可能就会将这些迷茫客户变成目标客户。但如果回答不及时，没有为粉丝解决问题，那么潜在客户很可能会流失，时间久了，对教育培训企业来说是不小的损失。

紫光教育培训公司很重视对用户问题的解答，也正是凭借出类拔萃的服务态度和人工回复，其官方微信才赢得了粉丝们的大力支持，从而成为微信营销中的佼佼者。

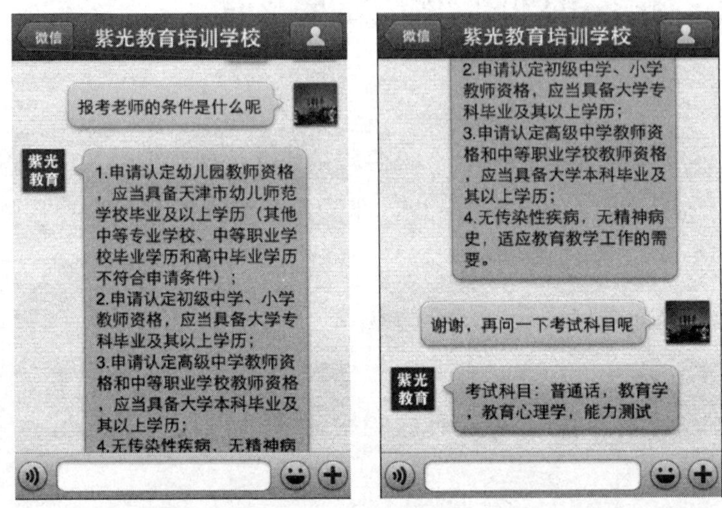

输入想要咨询的问题，紫光教育微信可即时为您解答

案例解析

其实，做微信营销就是如此，一定要注重解答用户问题的及时性。微信营销不同于微博营销，如果企业在微博中发送了一条信息，粉丝不明白可以向其他粉丝请教。但微信是一种私密性极强的沟通工具，强调的是“一对一”，用户有什么问题就会直接向企业公众号发出疑问。

这时，企业一定将微信看成是一种沟通工具，而非营销工具。用户既然向企业发出信息，势必会带着一定疑问，想要得到解答，如果企业不理会用户或者回复太慢，用户自然会不满意，用户不满意，就很可能造成企业与用户之间的紧张关系，不利于营销。

实战建议

企业建立微信公众平台就是要吸引更多粉丝，宣传企业品牌。如果没有粉丝，或者眼看着粉丝从自己手中“溜走”，对企业来说是一件极其“危险”的事情。因此，企业必须在这方面做好准备，让公众平台的运作更加顺畅。

1. *态度要友善*

无论采用人工回复，还是自动回复的形式，有些企业客服人员往往解答语气生硬、刻板，丝毫没有友善之意。如此一来，即便是为用户解答了问题，用户也很难产生好感，有时甚至会因态度问题而取消关注。

2. *解答问题要及时*

快速为用户提供解答，才是一个企业微信公众号在用户眼中真正意义之所在。如果企业长期不在微信公众号后台视察、监视，就无法知道粉丝的问题，更不会为用户做出及时的解答。所以，企业一定要安排专门的微信公众号后台维护人员，及时关注粉丝发来的信息。

在这方面杜蕾斯就做得很好，例如询问杜蕾斯微信关于经常出现容易疲劳及颈椎病的问题，杜蕾斯微信就会及时做出解答。

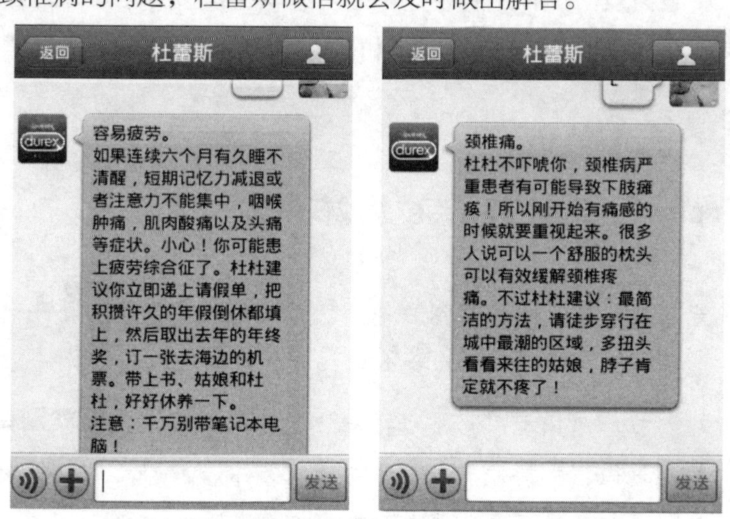

颈椎病和疲劳问题也能在杜蕾斯的微信上得到解答

原则十：尽量不要在发送内容里发链接

我们在企业微信公众号的推送消息中，总是会看到企业跟随消息一起发来的网址链接。其实，据调查显示，约有一半以上的人不会去点击该链接，而且少数人点击后往往表示很失望。这是为什么呢？

首先，不去点击网址的用户一是因为点击及打开链接浪费上网流量（在没有wifi的情况下）；二是会让手机反应变慢，影响上网情绪。其次，对于那些打开网址的用户来说，看到的内容往往不如自己想象的丰富，有些内容甚至只是一种简单的广告，同样让用户很反感。

甚至有一些企业在推送消息中发送一些下载软件的链接，比如消息中会写道“下载请点击”，还有企业只是发送一个链接，用户在点击后就自动下载，不但浪费网速，还浪费手机内存，凡如此种种，自然赚不到点击率。

Sample A：无需下载，百款游戏任你玩

“游戏基地”是一款方便用户便捷玩游戏的一个微信公众平台。只要用户关注该微信账号，就可以在这个平台中自如地玩一些小游戏。

然而，一开始对很多用户来说这是一个挑战。为什么呢？因为很多微信用户也都加过微信玩游戏的公众号。但对方给用户推送的往往是一些游戏链接，需要点击进入网页，甚至下载游戏才能玩。

正因为考虑到以上方面，游戏基地没有在微信里，发送游戏的链接，而是直接打通安卓和苹果等手机系统接口，用户无需任何链接，点击图片后直接就可以进入游戏，不但不耗费用户的手机内存，还省去了下载、安装等繁琐步骤。因此，游戏基地一经推出就引发了上万名粉丝关注。

下面，我们来看一下游戏基地的无需链接就能打开游戏页面的方式，比如点击“吃饭睡觉打京豆”的游戏，点击后会进入介绍页面。此时只需点击“阅读全文”就可以进入游戏页面了。

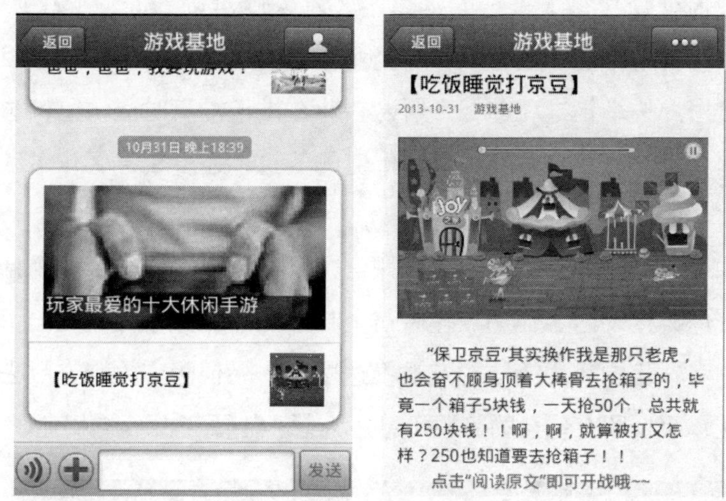

随便点开微信“游戏基地”中的小游戏“打京豆”，即可进入游戏页面

案例解析

企业想要让微信公众号上的粉丝稳定下来，不成为僵尸粉或浮动粉，就必须做好这些后续准备。在微信公众平台后台的操作上要注意考虑用户的心情和所顾虑的事。不能一味按照自己的意愿发送链接，一味希望用户去点击或关注。

曾有一位用户称自己的手机微信成了垃圾储存站，因为很多微信公众号总是会发来一些网络链接，需要点击打开网站，而有些网站实在无趣乏味，让人头疼不说，还大大浪费了手机流量。

实战建议

有些企业可能觉得每天一条推送消息容量不够，所以会在消息中添加一些链接，好让用户去点击网址，浏览更多企业信息。但这样不但会让用户抓狂，还会导致企业声誉下降。在这里，我们根据这种情况，向企业建议两点。

1. 推送消息时，要精简多样

在微信公众号每天推送的消息中，本来就难以让企业装下所有的内容，而如何利用好这一消息版块是企业要考虑的主要的事。这个版块其实主要是给用户一个指导和趋势，所以企业在推送消息时应慎重精选，做到精简多样。不但让用户看到更多有价值的信息，还会诱导客户主动去寻求企业网站、店址等。

比如奢侈品品牌蔻驰在其官方微信中发送消息时，就很注重精简化，很少会推送链接等内容让用户在微信上打开。蔻驰抓住人们的好奇心态，将品牌的多样化内容用简洁的方式推送出来，不但吸引用户自己去寻求蔻驰的网址，而且留有悬念的简短讯息还为蔻驰增添了几分神秘色彩。

蔻驰的微信消息十分精简

2. 提示用户在wifi下打开链接

如果企业是电商网站或在线办理业务型的企业，那么有时候是需要在发送消息时推送链接的。如果真的遇到这种情况，企业一定要在链接旁边做好温馨提示："请在wifi条件下打开链接"。

CHAPTER SIX

第六章 <<

微信营销十大技巧，助你的公众号脱颖而出

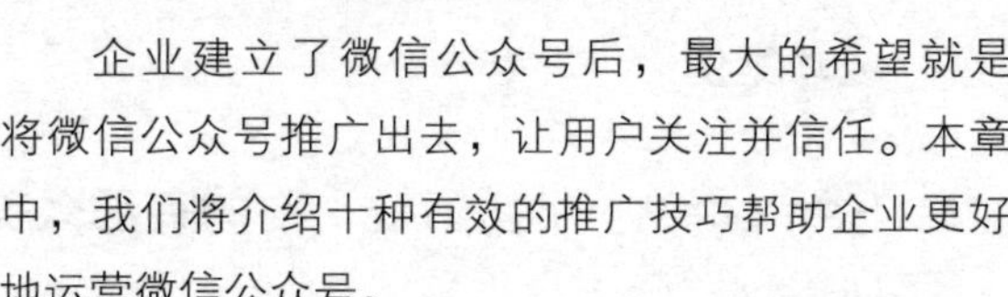

企业建立了微信公众号后，最大的希望就是将微信公众号推广出去，让用户关注并信任。本章中，我们将介绍十种有效的推广技巧帮助企业更好地运营微信公众号。

微信营销不同于传统营销，其营销技巧是独特的。从企业自身出发到借助其他传媒、网络势力来推波助澜，其中的每个技巧都值得企业管理者仔细斟酌，反复揣测。

技巧一：主打官方大号，小号助推加粉

企业想在微信营销中有效推出自己的公众号，需要一定的技巧。首先，一定要以主打官方大号为原则，在此基础上，也不能放弃微信小号（个人微信号）的作用，利用小号来推广大号，借助小号的力量来加粉。事实证明这不失为一个好的推广方式。

成功案例

Sample A：纳美客栈，真的有那么美！

深圳的“纳美客栈”在众多客栈、旅店中并不算出名，但它的生意不亚于那些影响力颇高的连锁旅店。为什么呢？原因在于这家旅店运用了微信营销的方式来经营。在经营过程中，老板格外注意微信推广的方法。不但在店里设立了wifi，而且旅店的经理和店员也充分发动起来，利用自己的个人微信号来推广企业的微信大号。

一位叫小沫的游客在“纳美客栈”入住后，觉得店主很有心，因为店主会在微信上与小沫进行沟通，询问哪里有不妥当和需要改进的地方，并且在微信上送上很多旅行中需要注意的事项，让小沫感到很体贴。

当然，店主没有忘记在介绍最后附上客栈的微信公众号。小沫看完后不但感动，而且果断搜索并添加了“纳美客栈”的微信公众号。通过利用小号加粉的方式，这家旅店的生意越来越好。

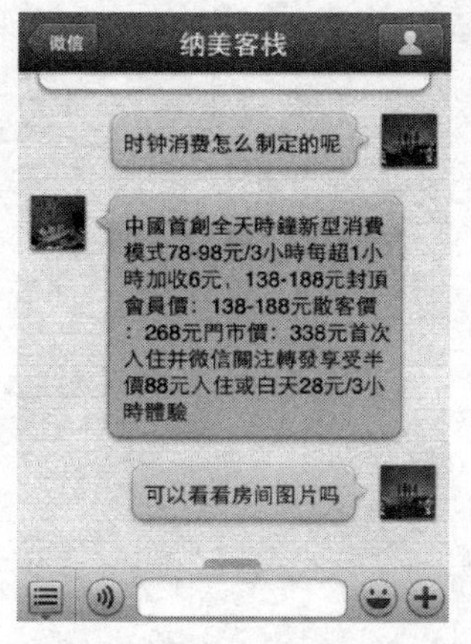

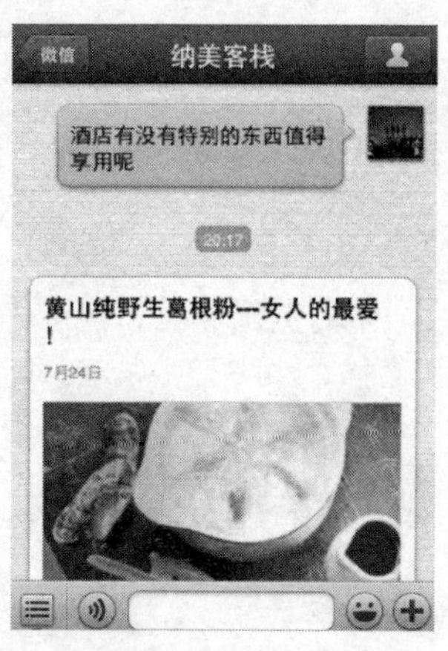

纳美客栈的微信服务无微不至

Sample B：罗曼卡工作室——加粉可以不太明显

罗曼卡摄影工作室是北京一家很有个性的摄影基地，主打婚纱摄影、写真集等。在工作室成立没多久，工作室老板就建立了微信公众号，成为其订阅用户，每天都会为用户发出一条十分个性，颇具创意的信息。但由于粉丝数量不多，因此微信营销取得的效果并不太乐观。

后来，老板利用个人小号来加粉。具体的做法是他本人及他的助理分

利用微信小号在“朋友圈”种来加粉宣传

别利用个人微信号来添加自己开通微信的好友。将自己的作品、心得、图片发送到朋友圈，与朋友一起聊天交流。时间久了，这些朋友也记住了罗曼卡摄影工作室。而关注罗曼卡摄影工作室公众号的粉丝也越来越多了。

案例解析

在“纳美客栈”的案例中，也可以看出利用小号推广和宣传公众号的作用十分明显。很多粉丝之所以不会关注你的公众号，很大原因在于粉丝并不知道你的公众号。而“纳美客栈”这种营销方式恰恰能让用户知道你的公众号。通过个人小号与粉丝进行沟通互动之余不忘发送公众号信息，这样能够充分带动大号，让粉丝关注大号。

而在罗曼卡摄影工作室的案例中可以看出，利用个人微信号可以在与好友的交流中，在朋友圈的分享中宣传自己的公众号。

这两种方式都能在很大程度上为公众号造势、推广，让更多的新朋友知道企业公众号，从而形成一定数量的忠实粉丝。

实战建议

因此，企业在营销中不能忽视微信小号的作用。在推广公众号和做其他媒体推广时，通常都会用到个人微信号，只有将小号与大号结合起来使用，其营销效果才是最佳的。针对这一点，我们总结出了下面的几点技巧和方式。

1. 利用小号在朋友圈中分享大号信息

在微信好友中，朋友圈里有什么动态，人们都乐意点开查看。因此，企业如果利用小号在朋友圈中分享和发一些推广大号的消息，基本上你的好友都会看到。个人微信号还可以加很多好友，曾经有位企业营销部经理的个人小号上的好友达到了2000多人，他每次在朋友圈中发一次关于大号的信息之后，至少会有200多人与之互动和关注大号。因此，利用小号在朋友圈中分享大号信息是一种十分有效的推广方式。

例如，我们可以将一个公众号推荐给我们的朋友甚至微信公众号，这样对方就能看到我们推荐的微信公众号的信息。

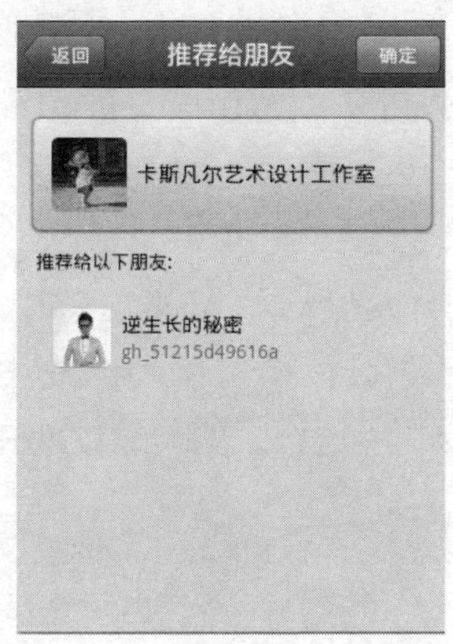

用微信小号将自己的公众号推荐给微信好友

2. *群发信息要"温柔"*

很多企业利用小号在推广大号时，往往喜欢借助群发消息的模式。但很多企业总是采取"暴力"的方式硬推。如直接在群聊中发送公众号、二

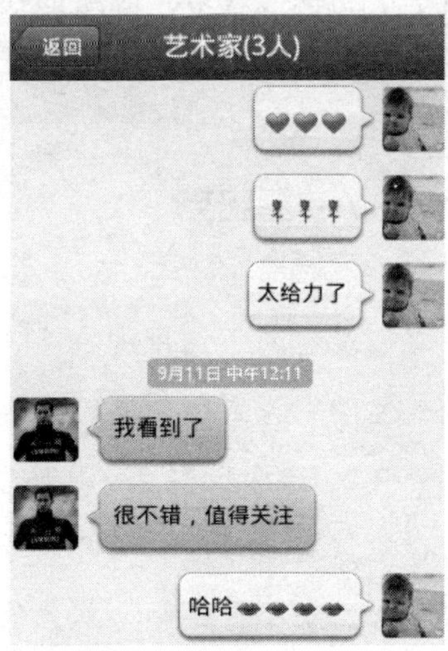

"艺术家"微信群的群主发言温柔且幽默

维码、广告。这是非常不可取的，只会让更多好友产生反感心理，甚至会将你删除。因此，在微信圈中群聊时应多些“温柔”，比如先多聊一聊与好友生活有关的话题、关怀一下好友，发一些最新时尚流行的资讯、搞笑的段子等。让群成员慢慢适应这种氛围后，再循序渐进地来进行发送大号的信息，这样朋友们就会更容易接受。

3. 聊天时多涉及大号信息

在运用个人小号与好友聊天时，不要忘记了主打官方大号的主要目的。要将聊天话题尽量转移到公众号信息中，这样不但会引起对方的注意，还有利于对方询问大号信息时，及时为对方做出解答和帮助。

技巧二：打造品牌公众帐号

想让企业的微信营销脱颖而出，就要全心全意地想好品牌运营策略，争取打造一个品牌公众号。像凯迪拉克、美丽说、爱范儿那样，一提起这些名字，人们就能想到他们的公众号，想到他们的公众号的出色表现。

Sample A：星巴克

即使人们没看到下图中的文字，也一定知道这是星巴克的企业Logo，同样这也是星巴克的品牌象征。

星巴克在做任何营销、活动时，我们都会看见这个标志，这就是品牌的力量。在微信公众号的运营中，星巴克的营销同样出色。人们看到星巴克中国的微信公众号页面时，总会禁不住动动手指，想去关注一下。

在星巴克官方微信页面的功能介绍中，不但有微信认证的标志，还有星巴克的大气标语。这些让我们感受到了浓浓的大牌风，让我们对它有一种高端的认知。凭借着这种感觉，星巴克在微信公众号上的粉丝越来越多，星巴克的微信公众号运营更是越来越彰显出它的大牌风范。

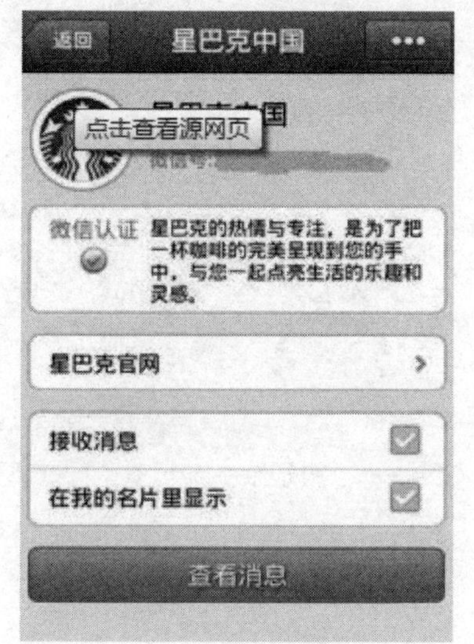

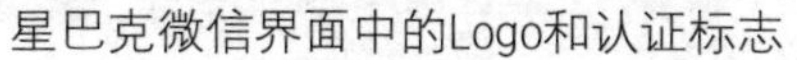
星巴克微信界面中的Logo和认证标志

星巴克Logo

Sample B：看猴子杂货铺如何打造品牌公众号

“猴子杂货铺”是淘宝网的一个商店，该品牌创始人希望有一天能够将自己的杂货铺从网上延伸到全国任何一个城市。抱着这种信念，猴子杂货铺做起了微信公众号的推广营销。店主为了能够打造一个品牌化的公众号，仔细设计了公众号的图像、Logo，品牌理念、文化标语等。

当这一切成为体系后，店主觉得需要进行微信认证。在经过漫长的宣传期之后，猴子杂货铺的微信公众号上终于聚集到了500名粉丝，随后取得了微信认证。经过认证后的猴子杂货铺微信一下子增加了很多人气，其品牌影响力也逐渐得到了上升，人们越来越认可这个可爱头像带来的经营理念。

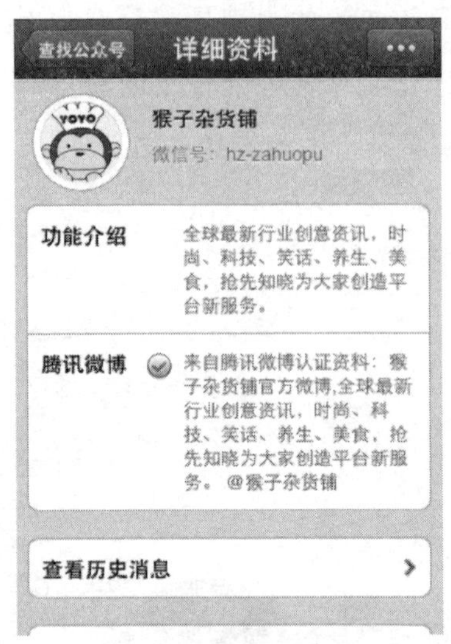

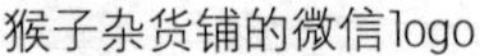
猴子杂货铺的微信logo

猴子杂货铺可爱的Logo图像

案例解析

很明显，在星巴克的微信公众号运营中，星巴克的名气是最大的招牌。单凭一个企业Logo就能够吸引一大批粉丝，何况再加上简练大方的介绍和代表诚信的微信认证。星巴克的粉丝们都知道，星巴克在微信公众号上发出的信息都十分大气，具有品牌影响力，总是推陈出新，将咖啡的文化和品牌理念紧紧融合在一起。

而在猴子杂货铺的案例中，我们仿佛看到了一个不起眼的小杂货铺正在成为高端大气、品牌影响力的变化过程。当然，这也是打造品牌公众号的效果。

鉴于这一点，很多企业在微信营销中都会借助企业品牌的力量来打造公众号，让营销脱颖而出。即便是像猴子杂货铺这样本不出名的小企业也能够通过一定的方式和技巧来打造出一个具有品牌气息的公众号。

实战建议

那么到底怎样将自己的公众号打造成为一个具有品牌影响力的公众号

呢？的确，其中有独特的技巧，下面我们就来详细介绍：

1. 头像上标有企业Logo

企业在申请了公众号之后，在设置页面上需要对公众号头像进行更换。我们建议最好将头像换成企业的招牌图片或者Logo。如此一来不但彰显出企业的标牌，还能更好地宣传和打造品牌文化，有利于品牌影响力的扩散。

各个大牌微信的Logo，尽显高端大气上档次

2. 尽快得到认证

众所周知，企业微信公众号在得到认证后，会享受到很多尊贵待遇。比如粉丝在公众号搜索时，得到认证的企业会比较靠前，让企业能够在最短时间内散发出品牌魔力。而且粉丝关注得到认证后的企业时，会格外放心，就像星巴克的那个黄色认证符号一样，仿佛是一个诚信标签，更是企业品牌形成的一个重要前提。当然，企业微信公众号的粉丝只有达到500人之后，才能有资格申请认证。

招商银行的微信认证

3. 实现更大气、更人性化的服务

想要打造出品牌公众号，需要的不只是外在的这些设置，更需要企业在微信公众号上为粉丝呈现出具有品牌气息的人性化服务。比如详细的微信目录导航、热忱的人工服务、便捷的订购方式等。这样才能彰显出品牌影响力。

技巧三：实体店面同步营销

我们经常会看到很多店面门面上贴着促销优惠活动，路过的人会纷纷前往体验。但是，仅凭这些路过的感兴趣者，在营销效果方面还是远远不够的。在如今微信营销崛起的时刻，在公众号上发布信息也要和实体店面的营销活动保持同步，才能引发粉丝的关注和参与。

SampleA：童装店线上线下折扣统一起来

正值南方阴冷潮湿的冬季，杭州繁华的购物商场中有一家叫ARMATEN的童装店正在举办全线6折大促销的活动。这天正巧是周六，童装店里挤满了众多家长和宝宝的身影。为什么现场会如此火暴呢?

其实这家童装店早在推出打折活动的前一天，就在微信平台上发出了促销信息。凡是关注该企业微信的用户都能在这个平台上收到杭州专店打折的促销信息。这一活动为杭州的用户提供了大大便利。用户在第一时间收到折扣后就能及时采购，节省时间。与此同时，在该微信平台上，企业还向用户提供了杭州ARMATEN的各个店面地址，以便用户能够及时去最近的专卖店享受优惠信息。

由于微信消息发送得比较及时，再加上实体店也正在同步促销，所以发布后的第二天和第三天到店里消费的客户就比较多。仅凭这两天的促销，就让该店的消费额大幅上涨。

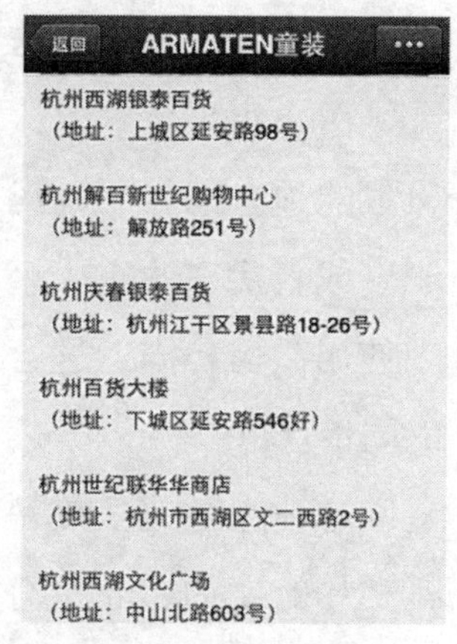

在微信上可以看到童装店ARMATEN杭州各实体店铺的详细地址

案例解析

通过这个事例可以看出，如果实体店面和微信公众号的营销不同步，那么该店面光临的客户可能就不会那么多。而这对商家来说将是巨大的损失。因此，企业必须将微信营销和实体店面进行同步运作。比如你的实体店要进行促销，那么在微信公众号上一定要及时推出消息，让用户能够在第一时间看到，并且参与。

此外，在店面与微信公众号同步运营时，还可以采取让用户到店使用微信扫描来营销的高端方式。比如，餐饮店可以实行在菜单中添加二维码，用户不需要人工，直接用手机来扫描菜品下面的二维码，就可以在微信平台上与店主互动，生成菜单。

实战建议

无论哪种同步运营方式，都需要企业思考全面，确保微信平台的各方面接口要与实体店进行同步操作，让用户用得更加放心和舒心。因为店面是充分发挥微信公众号营销的一大重要场地。那么，针对这一点，我们也总结出了一些小小的技巧：

1. 鼓励消费者在店内使用微信扫描

在企业实体店中，我们可以在店内显眼的地方添加二维码，并且采用会员制度或者优惠的方式来鼓励消费者在店内使用微信扫描，进行与微信公众平台的同步营销。

手机轻松一扫，即可进入页面

这一点对大多数餐饮店、便利店等都适用。比如，北京有家餐厅，顾客进入餐厅内根本不需要服务点菜，只要用手机扫描一下菜品下面的二维码就可以在企业微信公众平台上生成一个客户菜单，这样不但方便客户点菜，而且还为餐饮店节省了一定的时间，让整个点菜过程更加系统化。当然，企业为了鼓励消费者进行这种方式，还可以利用促销优惠方式来鼓励消费者使用微信扫描，为企业后期的营销也提供了一定的便利。

2. 实体店和微信号上的信息要同步

扫描衣服上的微信二维码，了解该服装的详细促销信息

企业商家在实体店里经常要举办一些促销，但商家一定不要忘记要在微信公众号上实现实体店的同步运作。

店内张贴的各种广告也要和微信公众号上的信息一致，否则会影响粉丝的关注度，很可能还会损伤大小粉丝的积极性，如此，对企业的实体店和微信营销都不利。

技巧四：以活动的方式吸引目标消费者参与

很多有经验的营销大师认为，微信营销中比较常用的技巧和吸引客户关注的方式就是用活动来吸引目标消费者参与。这不但可以提高企业的宣传力度，增强推广方式，如果效果明显，还可以让用户感受到企业微信公众号的诚信，对其更加有信任感。

针对这种以活动方式吸引目标消费者参与的方式，很多餐饮业的企业纷纷经过试验，取得了不错的成果。

Sample A：看图“呷”猜，赢大奖——呷哺呷哺火锅店

呷哺呷哺火锅店曾经在2013年11月份在微信公众号上推出“呷”猜赢大奖的活动。通过这次活动，呷哺呷哺公众平台获得了大量粉丝关注。

具体的活动是这样的：用户登录呷哺呷哺微信公众号，找到该活动页面，主动参与“呷”猜即猜呷哺呷哺的食材来进行闯关。游戏一共有三关，用户只要根据提示，猜出图片中白框处的内容，就有机会获得内含170元全年优惠券的2014版台历一本。

呷浦利用这次猜图赢取优惠券和台历的方式着实吸引了不少目标消费者的参与。

冰冰是到店消费的一位顾客，她在吃饭之余看到了这个二维码，于是拿出手机扫描并关注了呷哺的官方微信。很快，呷哺官微就发来了这个活

动的详细参与方式。冰冰根据它的提示，在呷哺的微信公众号上进行了参与。

冰冰一开始觉得这是店家做的一种宣传活动，估计闯关成功的几率会很低，也没抱什么希望。可是由于冰冰的很多好友是呷哺呷哺微信公众号的粉丝，所以，在朋友的帮助下，很快冰冰就获得了闯关胜利。幸运的是冰冰还被抽中了，于是她凭借微信号获得了这个丰厚的奖品，这着实让冰冰很惊喜。

事实上，经过这个活动之后，呷哺公众号上的粉丝越来越多，而且大都是喜欢吃火锅的目标人群。

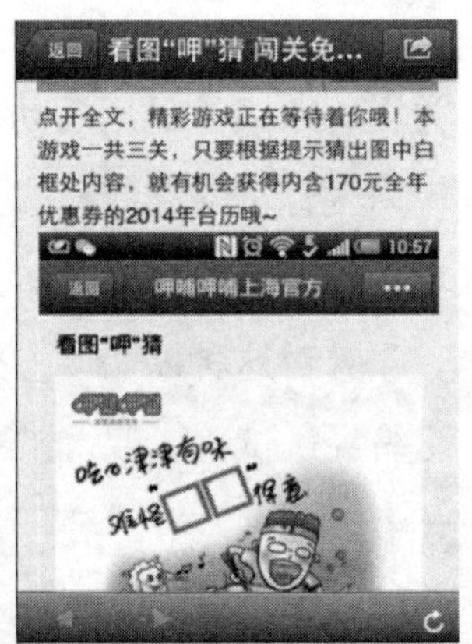

呷哺呷哺的"闯关免费赢台历"活动

案例解析

像呷哺呷哺这种通过闯关赠送优惠券的活动方式来吸引客户参与，其实很多企业都喜欢运用。因为这样不但能够让企业的营销脱颖而出，而且还能够在一定程度上吸引目标客户。因此，企业在举办活动时，一定要针对客户需求而办，不能盲目、漫无目的地组织活动。

从单纯的企业营销方面来看，用活动来吸引目标客户，不但可以提高企业产品或进行企业的宣传推广，如果取得的效果不错，那么还可以增加自己公众号的诚信度，让更多客户信任你。

实战建议

在组织活动时，企业除了不能盲目，要根据消费者需求来办理之外，还需要一定的组织和策划，只有策划好，才能引起目标消费者的热切关注。

1. *采用当下流行的话题来制造活动*

借助网络、电视媒体等当下最新、最热的一些话题来制造活动，这样不但能够快速吸引目标客户，而且还能够给客户呈现出一种新鲜、活力、动感的感觉。尤其是对一些餐饮、健身、影楼等企业来说，这是十分有吸引力的一种方式。比如有一家婚纱影楼曾经在微信公众号上推出“待你长发及腰，我们就结婚！”的活动。不但取得了众多网友的支持，还让很多陌生的朋友成为了活动参与者，进而成为了该影楼微信公众号的忠实粉丝。

而这句“待你长发及腰”的话正是前一阵在网络上正流行的网络用语，让很多文艺青年、年轻男女找到了共同的话题和畅想。

再比如，腾讯房产根据最近流行的“…族”来推送了一条关于“房贷族”的话题，引起了众多粉丝的关注。

腾讯房产微信中的“房贷族”信息

2. 给消费者一点甜头

企业想要在微信公众号上策划活动来吸引目标人群参与和关注，首先就要给参与的消费者们一点甜头，否则消费者不会成为忠实的牢固粉丝。在这一点上，呷哺就做得很好，通过向消费者赠送电影票的方式让粉丝们感到惊喜和感恩，从而使之成为呷哺的忠实粉丝，这对呷哺的营销是至关重要的。

技巧五：借助传媒力量，打开推广渠道

想要让微信公众号脱颖而出、家喻户晓，还需要借助传媒的力量来宣传和推广，为企业打开更为宽广的营销渠道。比如电视媒体、网络广播、杂志报纸等，这些都可以成为有效的传媒力量。

Sample A：半导体和电视机里的微信广告

全友家居企业建立微信公众号之后，想要用这种最新潮的网络营销来推广自己的品牌。但是在建立公众号初期，微信公众号上的粉丝数量并不可观。这样一来，企业就很难进行微营销。后来，企业营销部的经理提出借助电视和广播传媒来进行推广。

于是，他们在原本电视广告中多增加了一个显著的二维码标示和一句关注微信平台号的话。该企业认为，同样花费高昂的广告费来做电视广告，不如多加上这一条微信广告语，虽然取得的效果可能不算太大，但是积少成多，这也不失为是一种好的推广方式。

再后来，该企业又想到了利用广播来宣传微信号。于是在所在地区的

生活频道、都市频道、综艺频道等卫视节目里都做了广告，主持人每次介绍完该企业之后，都会加上一句关注该企业的微信公众号的话语。

通过这两者的结合和宣传，企业微信公众号在短时间内获得了一定数量的有效粉丝。而且多数客户都是在看电视或者听广播时觉得有需要才添加关注的，所以客户在微信公众号上与企业的互动也有所增加，在一定程度上增加了订单数量。

全友家居微信信息与收音机里的信息宣传一致

Sample B：坐在高铁上微信

某旅游企业建立公众号之后也进行了一系列推广。后来，该企业更看好高铁、动车上杂志及宣传板等媒体传播。于是就与杂志合作方达成一致，决定要在杂志上进行微信推广。

该企业的广告版面在杂志上所占的面积并不大，但其中企业的微信二维码却很显眼，几乎占据了该广告的一半版面。

乘坐高铁商务列车的人大都是经济水平较高，而且科学素养、文化程度等方面的积淀也都较深，决定了他们乐于接受新鲜事物、外出旅游的需求很高。因此，该旅游企业在高铁杂志上的微信推广活动十分有效。

高铁座位上的汽车微信宣传

案例解析

从Sample A 中的家具企业来看，电视、广播广告的宣传是一种十分有效的传媒力量，而且从这些电视广播广告中关注企业微信的人，大多数都是对企业比较感兴趣的人。这说明，这些客户的准确率十分高，由此取得的成效也就比较高。

而在高铁杂志上的传播则有一定的选择性。因为高铁上投放的杂志大都是一些旅行、娱乐、数码电子类的杂志。因此，这说明并不是所有企业都适合在高铁杂志上做宣传。但旅游业、数字媒体行业、广告、娱乐行业等都可以利用这种杂志媒介来宣传微信公众号。而且高铁杂志的内容专业性都较高，比较能够引起乘客的注意。所以，也是一种不错的传播力量。

实战建议

借助传媒的力量来宣传企业微信公众号是每个企业都想要实现的一种推广方式，但这并不意味着所有企业都能把握好传媒的力量。我们在这里针对企业的各种情况，列出了借助传媒宣传微信号的技巧。

1. 各就各位，选择恰当的传媒方式

很多企业总是盲目跟风，比如看到其他企业通过电视广告、广播传媒来传播微信号取得了一定成效之后，就认为这样也适合自己。于是盲目地花大钱，做电视、广播广告，但最后往往是赔了夫人又折兵。

“芒果”台也宣传微信

首先，我们认为想要利用电视、广播传媒广告来宣传微信号，企业必须原本就有一定的电视广告，只需要在此基础上加大微信宣传力度就可以。

不是任何一企业都可以开辟电视广告的。比如一些小餐饮业、小公司，这些虽然可以开设微信公众号，但却不利于电视、广播广告，如果为了宣传微信而开创一个各方面需求较大的电视广告，那么对企业来说，着实得不偿失。

2. 二维码和微信号要明显

电视节目中便于手机扫描的二维码

无论是电视媒体、广播、杂志媒介，如果想要利用其推广微信号，那么其微信二维码和微信号在广告中要明显，这在一定程度上会给需求者一个指引，能让需求者快速添加并关注。

如果你的二维码和微信

号不明显，那么一些潜在用户很可能因为觉得添加关注太麻烦而流失。所以在借助传媒力量宣传推广微信公众号时，一定要注意二维码和微信号的醒目性，让粉丝第一眼看到。

技巧六：依靠微博大号推广

虽然如今微信营销的势头已经如日中天，但是我们在热切关注微信的同时，不要忘记微博的热度还在持续升温。许多的微博大号依然每天有上千人关注和转发。因此，有人认为，将微信与微博两者结合起来营销，在网络时代必定是无敌的。的确如此，依靠微博来推广微信同样能让你的人气升温。这需要我们选好适合推广的微博大号，借此来推广微信公众号。

Sample A：“点子总动员”和“全球创意”

“点子总动员”在微博上算不上是一个超级大V，但是对一个拥有接近30万粉丝的微博号来说，也是颇具影响力的。因此，找到这个微博的企业还不少，大多数让其用来转发一些微信号，或者让这些微博大号发宣传微信的微博。而“全球创意”的微博粉丝则是300多万，这无疑已是一个标准的微博大号，该微博曾经转发了“点子总动员”的一条关于微信号的微博，

这条微博最开始经过“点子总动员”的发送后，我们发现有很多人进行转发和评论。无形之中多了很多额外的宣传。一传十十传百，这样一个层次一个层次地传递下去，这些微信号也就会被越来越多的微博用户所关注。比如，经过“点子总动员”发送的上千条微博中，其转发条数达到了3万多条。

“全球创意”微博转发“点子总动员”的微博

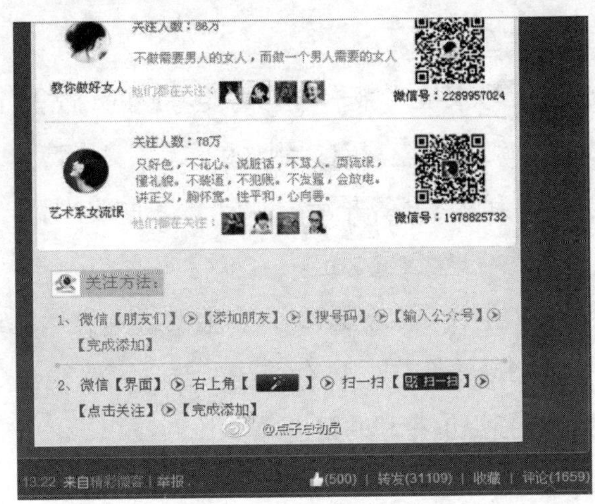

高达31109次转发的微博信息

案例解析

显然，微博大号的影响力还是十分强的，据调查，大多数上班族每天打开电脑之后，首先点击的就是新浪微博。年轻人打开微博，希望看到新鲜好玩的资讯、新闻、潮流信息等。而那些微博大号恰恰是发出这些信息的来源，这就是微博大号的粉丝有那么多的原因。

而人们关注微博大号之后，自然就会对他们每天的信息和转发文章内容有所关注，甚至很多粉丝将微博大号奉为自己心中的“男神”和“女神”，对心中的神所转发的每一条信息都转发，关注。所以，一旦微博大号转发或者发送一条关于企业微信公众号的信息时，粉丝们也会转发或者关注。因此，企业利用微博大号来推广微信号，其效果非常显著。

实战建议

企业在借助微博大号推广时，首先一定要了解该微博的人气、稳定程度，其次再考虑一下该微博的一些内容是否与自己的企业微信号有所交集。这样才能让微博大号更好地推广企业微信号。具体的做法和技巧如下：

1. 微博人气是关键

想要借助微博大号来推广微信号，需要考虑的首先应该是该微博的人气情况。有人认为微博粉丝只有达到100万，才算微博大号；也有人认为，微博粉丝超过10万就应该算是大号。但无论是哪个标准，我们必须承认一点：人气必须旺，粉丝数量稳定。

有些微博粉丝数量今天可能是100万，但明天却突然就10万了，这样的微博，企业一定要谨慎合作。只有那些人气旺而且粉丝数量稳定的微博，才能为微信的传播提供有利的渠道。

2. 依附明星、草根达人来推广

在微博上，明星的关注度向来十分强大，因此企业如果能够有机会和明星来达成合作，那么对企业的微信宣传来说将是势不可挡的。但由于多种原因以及明星自身的很多限制，很少有企业能取得明星微博的专利，除非你是与明星合作的广告商。

当然，我们也不一定要将全部精力投放在有众多粉丝的明星身上，

我们还可以将注意力投放在那些草根达人身上，这些人的微博人气也很旺盛，因此，用来宣传微信也是不错的方式。

3. **设置一句有独特个性、能打动粉丝的微信宣传语**

利用微博来宣传微信时，除了要将二维码和微信号标示清晰，还需要设置一句个性独特、能够打动粉丝的微信宣传语。比如，“教你做好女人”的微信公众号，在利用微博大号宣传时的宣传语是：“不做需要男人的女人，而做一个男人需要的女人。”

个性宣传语更能吸引粉丝

技巧七：热门微信号，沾着热气打广告

很多企业会采取这样的一种推广方式：借助那些很有力的微信大号来为自己的微信号做广告。前面我们刚讲过如何利用微博大号推广微信公众号，而本节我们即将要强调如何利用微信大号来沾热气、打广告。

Sample A：傍上“音乐台”的微品汇

很多企业的微信公众号其实想要扩展粉丝，为自己开辟出一条宽阔的营销之路，这时不仅需要自身各方面的准备，有时候也需要傍一傍大号。

喜欢玩微信的人都知道“音乐台”这个微信公众号，这是一个粉丝超过100万的微信大号，里面聚集了众多年轻男女，他们从“音乐台”中获得了文艺享受和音乐感官。而有些企业却瞄上了每天有一百多万粉丝关注的这个平台是不是可以拿来做营销。微品汇就是其中一个。

微品汇借助“音乐台”这个微信大号来为自己沾热气、打广告，因此关注音乐台的人都会看到微品汇的微信号和二维码。那么也就会产生连带反应，从而有更多粉丝关注唯品会。

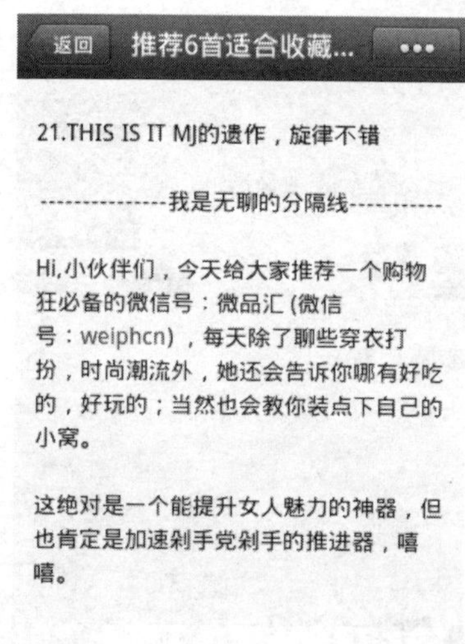

在音乐台微信上打出微信二维码的微品汇

案例解析

我们不妨来做个假设：如果能够在“音乐台”这样拥有100多万粉丝的微信号上做广告，那么我们的微信公众号会聚集多少粉丝呢？可想而知，这是一个十分有诱惑力的数字和做法。而像微品汇这样的企业，正是靠音乐台等一些微信大号获得了几十万的粉丝。

因此，很多初次用微信公众号来营销的企业都可以借助一些热门微信大号来沾热气，打广告。俗话说：“树大好乘凉”，只有投靠一棵大树，才能拥有自己的一方天地，营销也要按照这个套路出牌。企业必须在完善自己的同时，还要时刻关注那些时下热门的微信，通过他们来开辟出属于自己的一条路。

实战建议

当然，借助热门微信来打广告也需要很多技巧，比如出现在热门微信大号上的位置、文字叙述占据多少、二维码是否突出等。下面，我们总结了几点重要的技巧：

1. 热门微信需要互动性强

很多热门微信或微信大号虽然每天给粉丝发出一些潮流资讯，但是却从不与粉丝沟通，因此，这些所谓大号上的粉丝大都是一些僵尸粉，质量并不高，当热门话题一过，这些粉丝就会悄悄溜走。而企业如果选择这样的大号来打广告，那么取得的成果不会太大。

所以，企业必须选择那些互动性强的热门微信，只有互动性强，才能留住粉丝，吸引粉丝。

2. 不要每条消息后都打广告

企业找到了一个热门微信大号，想借助对方的热气来打广告，但这并不意味着企业就可以在热门微信的每条信息后面都跟加自己的微信号。企业可以有选择地来添加自己的广告。广告不在多，而在于精，所以频繁地在他人微信上打自己的广告，可能会给粉丝造成一种反感心理。

3. 叙述文字要简练，二维码和微信号要突出

在热门微信号上打广告时，企业一定要做好叙述简洁，宣传语不需要太复杂，只需要几句简单的话语即可。另外，还需要将自己的企业二维码和微信公众号标记突出，吸引客户注意。

技巧八：运用线上、线下多渠道推广

推广企业公众号，不仅需要外在的很多条件，还需要运用线上线下多渠道推广，双管齐下才能更好地将信息传达到每一个潜在客户心中，让所有可能成为忠实的客户都感受到企业的魅力。

线上推送消息时需要面面俱到，根据消费者需求来推送客户喜欢的消息、做好图文并茂的版面设计，做好各项服务的查看功能，利用微博、QQ等网络方式来宣传等，而在线下则需要加强二维码的宣传、各种传播和促销等力量的推广。下面我们根据一个酒店的营销来看一下线上和线下的推广方式：

Sample A：八方连锁酒店微信推广之线上篇

八方连锁酒店在微信推广方面取得了不错的成绩，这里优先介绍一下线上篇。

首先是微博推广。该酒店利用当前网络上的一些新鲜资讯和趣闻来转发一些话题，并且在发送微博时将酒店的微信二维码附送上去。当然，如果企业觉得自己想发送的文案内容不够有吸引力，那么可以在发送时设置一些小奖品来吸引用户参与。

其次是在微信公众号上推送消息。这个推广与微博推广差不多，但是却一定要注重对内容的选择性。因为看到你信息的客户大都是目标客户，所以务必要根据客户需求来发送信息。只有引起客户喜爱，才能使其更加长久地关注企业。

再者，通过论坛、网站等做小广告。在这里，该酒店将自己的微信二维码以及微信号和企业简介发送到了一些网站论坛中，并且在一些QQ空间、资讯网中做了小范围的广告，这样所取得的效果也必定是明显的。

最后，利用QQ群等聊天工具传播。该酒店利用QQ好友之间的聊天来做传播，并且还通过各种QQ群聊、微信群聊等来进行整体性的广告和消息发布。

该酒店也没有忘记QQ和微信上的签名、空间里的心情等黄金广告位，用言简意赅的话语在这些地方描述出酒店的介绍和功能，也吸引了大量粉丝关注。

八方连锁酒店在微信上的最新活动和促销信息

Sample B：八方连锁酒店微信推广之线下篇

八方酒店在线下的推广资源主要包括前台、休息区、餐厅、电梯、客房等。比如在前台，该酒店认为客人在离开和进入酒店时必经过这个区

在酒店大厅的服务台处设立就死按logo和微信号

域，甚至还会因为退房、交钱等事情而做片刻停留。所以，该酒店将公众号二维码和微信号张贴在此，甚至将二维码设计了一个独特的造型，将酒店Logo充分凸显出来，吸引了部分客户的关注。

再比如在休息区，客户经常会在这里因为等人无聊而借用手机等上网设备打发时间。所以，在这个地方设立一个标牌，标明酒店微信公众号二维码或设立一个关注微信有奖励的广告，可以吸引客户参与。

另外，该酒店还在客人使用的房卡、房间内的镜子上贴上了微信二维码，推广企业微信。

通过这几种线下推广，该酒店的微信公众号得到了众多粉丝关注，而且很多用户都利用微信来寻求订房问题，在很大程度上提高了该酒店的经济效益。

案例解析

相信看了八方酒店在线上和线下的两种推广，有心的企业管理者都看得出，想要推广微信公众号，就一定要有既定的目标人群，而且还必须要在一些突出的位置和版块来推广，这样才更具有诱惑力。根据这两点，企业管理者就可以在线上和线下进行推广方案的设计。

在线上的推广，除了微博、微信公众号的推送之外，还可以借助其他具有网络延伸性的附加工具来营销。比如QQ、QQ空间、人人网、论坛等各大网络社区，甚至还可以通过一些电视传媒等力量来推广。而线下方式则更多，曾经有位营销大师称：在微信营销时代，企业必须在客户能够看得见的所有地方都要凸显出企业的微信号和二维码。显然，这样的做法是可取的，也是十分正确的。

实战建议

上述八方酒店的线上和线下推广，让我们意识到了“双管齐下”的作用，同时也让我们意识到了线上和线下推广时所应该掌握的分寸和技巧。

1. 线上推广要简练

很多企业在线上推广时，往往不够简练，总是想尽可能地将企业消息和简介等一一向客户道出。但是，企业并不知道这样的结果却是很少有客户关注。一来你的推广不够吸引人，二来客户读起来很麻烦，容易产生疲倦心理，从而转移目标。所以无论是在微博、论坛还是微信推送消息，都要本着简练、言简意赅的模式来宣传。

2. 要给客户有所奖励，吸引客户参与

这个技巧适用于线上和线下活动，尤其是针对线下推广。想要让客户拿出手机去扫描你的微信二维码，首先就要让客户认为这值得去扫描。给客户一点优惠就可以吸引客户参与。有奖励的活动、有优惠的扫描都可以让客户动心，从而使其主动去关注企业公众号。

3. 醒目的二维码

无论是线上还是线下推广，都需要企业将公众号的二维码放大、突出。

房地产大楼上醒目的微信二维码

如果客户对你的企业感兴趣后，却还要“千辛万苦”地寻找你的二维码，或者对着一个模糊不堪的二维码反复扫描……可想而知，你在第一印象上就给客户留下了不好的印象，这将十分不利于客户从主观上“接受”你。

技巧九：善于“以号养号”

“以号养号”其实与之前我们讲的利用小号来助推大号加粉有一定的相似之处，但又有所不同，可以说，以号养号是对前者的一种升级。比如，一些企业微信公众号可以利用一个小号来获得粉丝，然后再进行大号的宣传。

Sample A：微信看“娱乐圈那点事”

作为一个完全娱乐、趣味的微信公众号，“娱乐圈那点事”的粉丝数量已经达到了157万。显然，这是一个草根公众号，不但没有经过微信认证，而且也并不是以企业方式建立的。但是它之所以能够坐拥上百万的粉丝，靠的就是“以号养号”。

该微信先是创设了一个可以天南地北乱侃的小号，用这个小号以调侃、无厘头、草根的方式赢得了一定的活跃度，慢慢地他的好友逐渐越来越多。这样草根微信再根据这个小号来宣传“娱乐圈那点事”的大号。这些小号上的好友很快成为了大号的粉丝，并且积聚起来。

由此一来，那些调侃、无厘头的“把柄”就落在了小号头上，而“娱乐圈那点事”这个大号则十分稳当地成为拥有百万粉丝的大号。

草根大号：“娱乐圈那点事”

案例解析

通过“娱乐圈那点事”我们能够看出，这好比是一场暗战。被大号养的小号就如同小说或电影中的那些“腹黑”王爷的党羽、心腹，他们手下的那些小喽啰将来也就都是王爷的手下，最终这个王爷的势力也就越来越大。

但是在企业营销中，也流行这样一样一句话——“只要不违反原则问题，不管黑猫白猫，能抓住耗子就是好猫。”所以，商场如战场，想要在营销战斗中取得胜利，就必须多动脑筋，灵活处理，善于以号养号，来扩大自己的粉丝量，提高影响力。

同时，这种方式不但可以提高大号的影响力，而且对大号来说也是一种很好的宣传方式。比较适合一些草根微信大号的崛起，比如那些为用户提供潮流资讯、服装搭配、化妆指南、幽默搞笑、星座心情等的微信公众号。这样的微信公众号不但容易养小号，而且其取得的效果也更好。

实战建议

虽然以号养号可以快速壮大公众号的势力，但也不是一个简单地能让我们一下了然于胸的方法，具体的技巧还需要一步步总结：

1. 不违反营销原则

无论企业采取什么方式来推广公众号，首先必须要遵守营销原则，不能以损害他人、客户或者企业的利益为前提。只有遵循这个原则，那么以号养号才能继续下去。当然，时下流行的那些网络用语、无节操的段子等，只要在不违反原则的情况下，都可以通过小号用来累积好友，为大号加粉做前提。

2. 通过任何方式来堆积粉丝

用大号养的小号可以运用任何方式将粉丝堆积起来，具体包括一些幽默段子、娱乐、时尚八卦、网络热门话题等。只要能够让粉丝乐，让粉丝喜欢，那么就可以拿来运用。这样才能累计更多好友，也为大号积累更多粉丝，同时还保住了大号“高尚”的节操，可谓是一举两得。

3. 可以养多个小号

企业想要利用养小号的方式来推广大号，不只养一个，还需要养多个。俗话说：“人多力量大”，企业大号养的小号多了，那么大号的粉丝力量也就越来越强。在养多个小号的问题上，企业应当从多方面来策划，比如你的企业大号是一个草根大号，那么养的小号应当从星座、娱乐、八卦、情感、化妆等方面来策划小号。这些类型的小号不但好“养”，而且还能够灵活地为用户宣传大号，其营销效果会事半功倍。

技巧十：利用微信会员卡，虏获粉丝心

如今，随着微信营销影响力的不断扩大，很多企业都在思考怎样让更多客户和忠实粉丝成为自己持续的客户。而打造微信会员卡似乎成为俘获粉丝心的一种重要营销方式。

Sample A：化妆品的微信会员卡始于聚美优品

作为一个大型的化妆品电商网站，聚美优品不但拥有众多的客户，而且还在最新的微信营销中占得了一份先机。早在2012年12月14日，聚美优品就在化妆品团购网站中率先应用了微信会员卡的功能。这一举措在当时可谓是俘获了众多粉丝的心。现在，聚美优品更是将会员卡不断更新，为用户提供了一个更加便利方便的微信会员模式。

用户只需关注聚美优品的公众号，就可以获得针对微信用户独特开创的黑钻会员卡。

只要关注聚美优品公众号，就可以获得一张黑钻会员卡，这是聚美优品针对微信用户开创的一个独特的黑钻会员卡。这张黑钻卡每个月都会发放聚美优品的现金券和实物奖品。用户可以根据自己的所需，随时打开聚美的微信，就可以领取这些现金券。在购物下单时，输入其验证码就可以享受优惠。这对用户来说，不但便宜而且还很便捷。

此外，聚美优品每个月还会有一些丰富的活动，有一些丰厚奖品派发

给微信用户，获奖名单以黑钻卡号为准，这样也避免了因微信名重复而造成的一些麻烦。可以说，聚美的这张微信黑钻卡对大多数用户来说都是一种难以抗拒的诱惑力。

关注聚美优品微信号即可获得聚美的黑钻会员卡

案例解析

根据操作得知，聚美优品的这种微信会员卡不需要下载任何软件，不需要花费任何成本，不需要填写任何表格，不需要留下任何资料，更不需要任何服务员引导，用户关注聚美微信后，直接通过手机微信，轻触屏幕就可以获得优惠。不但方便，还在很大程度上保护了用户的隐私。

优惠、现金券、保护隐私、方便、快捷等一系列的特点，都让粉丝无法抗拒。因此，聚美优品成功地俘获了粉丝的心。而其他企业也应该如此，要学会利用微信会员卡，来扩大影响力，增加粉丝数量。

曾经有一份资料称，微信会员卡自从开设以来，仅4个月就有上千个知名品牌加入微信会员卡的大军之列。如此的气势让微信会员卡已覆盖上万家店铺和商家。这不仅体现出了微信团队高效的执行能力和推动力，更体现出了微信会员卡在市场营销中的竞争优势。因此，现在还没有开设微信会员卡的企业一定要及时开展这方面业务，以此来俘获粉丝的心。

实战建议

既然微信会员卡对企业如此有影响力，那么该如何打造微信会员卡，才能吸引力粉丝，让粉丝无法抗拒呢？

1. **关注公众号，即可获取免费会员卡**

过去，很多商家和企业总是让消费者消费满一定数额的费用之后，才能获得一张会员卡；或者直接让消费者花高昂的费用办会员卡用于下次购物。这些方法不但很麻烦，而且对一般消费者来说没有太大吸引力，因为这些方式针对的大都是一些经济收入较高的群体，他们不在乎金钱，只在乎享受尊贵待遇，体现尊贵身份。所以，这种方式并不利于企业的大众营销。

因此，企业开设微信会员卡时，一定要突出免费和简单两个特点。只要用户关注企业公众号，就可以根据提示来快速获得一张免费会员卡。而且不需要填写任何资料，关注即送，这样才能获得客户青睐。Monica美甲美容、中国南方航空等公众号在这一点上就做得很好。

Monica美甲美容和中国南方航空在微信上的入会流程

2. 通过优惠或者抽奖来吸引客户获得会员卡

企业想要让自己的微信会员卡成为粉丝不可抗拒的事物，就要在这个会员卡上加点蜜。也就是运用优惠或抽奖方式让客户关注企业微信公众号，获得会员卡。还可享受现金优惠券。还有些企业会举办这样的活动：扫描企业二维码，即可成为企业会员，并且可参与抽奖。如京东商城在微信公众上就举办过这种活动，这些活动都能让用户无法抗拒企业的吸引力。

京东商场利用抽奖来吸引用户获得会员卡

CHAPTER SEVEN

第七章 <<

这样评估微信营销效果，让营销不再盲目

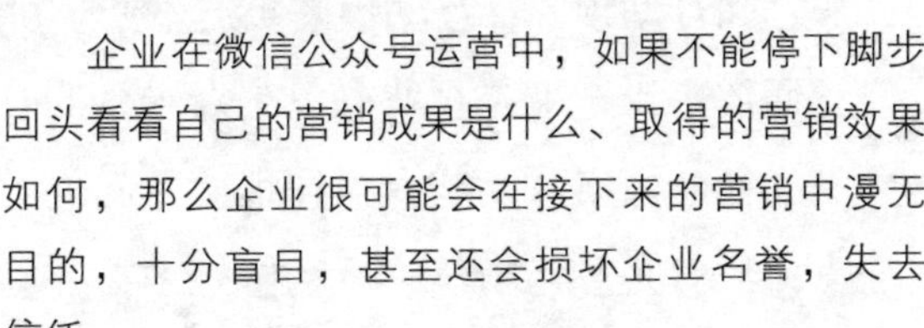

企业在微信公众号运营中，如果不能停下脚步回头看看自己的营销成果是什么、取得的营销效果如何，那么企业很可能会在接下来的营销中漫无目的，十分盲目，甚至还会损坏企业名誉，失去信任。

因此，我们必须要做好微信营销的评估工作。这个评估主要从六个方面来进行，包括：与客户互动率、粉丝依赖程度、企业功能受欢迎度、粉丝数量、粉丝评价以及企业转换率。本章中，我们将分别对这些评估要素进行详细的剖析，让企业明确自己的营销目标。

观一观与客户互动是否频繁

微信的互动率，主要是指公众号上的粉丝对企业微信公众号的使用频率，我们说企业的微信公众平台其实就是一个综合性质的APP。这里包含粉丝的访问、对企业公众号各方面功能的使用情况和受欢迎程度。

对于这一点，我们可以通过一个公式的形式来清楚简单地判断企业与客户之间互动频率：互动频率=粉丝数×功能受欢迎程度。

通俗来讲，就是企业微信公众平台的互动频率取决于企业微信公众平台上的粉丝数量和功能受欢迎程度之间的关系。因此，懂营销的人都明白一点：只有企业与粉丝的互动做好了，才能呈现出企业运营的真正价值和意义。而在这里，我们要通过这个公式及一家企业来具体说明该企业是否与客户频繁互动。

Sample A：个性独特的卡特罗酒庄

有一家专门做洋酒的酒庄，在微信公众号上这家酒庄的粉丝是3000人，那么按照正常的考评，互动率达到20%以上才算合格。也就是说，该酒庄在策划了一场活动之后，只要有600名用户参与互动就算合格。从这个指标可以得出：活动策划的内容对用户是否具有吸引力，才是真正引起用户参与互动的最主要原因。

如何统计这20%的互动率呢？企业在活动规则上进行了设置，参与活动的规则是用户要发送这个“活动”，那么在微信公众平台的后台数据统计中就会看到这个数量以及偏差。

该酒庄公司曾经通过这个公式来判断是不是自己在运营微信营销时出现了一些不负责的现象，如没有策划有吸引力的活动，客户参与后导致大量客户成为僵尸粉。所以，该企业通过这个计算公式详细明确了企业下一步该如何策划活动，争取客户的互动，对企业发展起到了一定的推动作用。

酒庄微信策划活动要争取客户的互动

案例解析

从微信公众号后台可以看到很多数据，包括新增粉丝数、累计人数、图文消息发送次数、点击人数、阅读人数等，这些数据都有利于企业考察微信营销成果。而在互动率方面，我们只需要根据“互动频率=粉丝数×功能受欢迎程度”这个公式就可以算出。

也就说，企业活动受欢迎程度越高以及粉丝数量越多，其互动频率也就越高。而企业活动受欢迎程度又取决于企业公众号的功能是否全面，粉丝数则取决于企业策划活动是否具有吸引力。

实战建议

企业想要获得高互动频率，就要不断提高企业的粉丝数和功能受欢迎程度。

1. 策划活动要有新意

企业只有在推送消息时，将消息和活动策划得有新意，才能引起老客户关注，他们才会为此转发分享，也才能够吸引更多新客户。粉丝数量上去之后，企业与粉丝之间互动也就会节节升高。比如1号店在策划活动时，总是有很多新意。

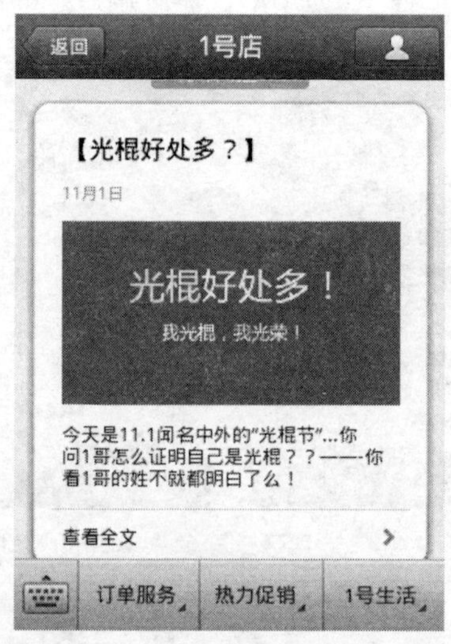

策划活动要有新意才能吸引用户

2. 公众平台功能要齐全

既然与客户互动取决于企业公众号功能的受欢迎程度，那就决定了企业一定要在公众平台上设置一些特殊功能，包括会员卡、一键支付、查询等。只有让客户满意和方便，才能提高功能使用和受欢迎程度，进而才能够提高企业互动频率。

测一测粉丝对于企业的依赖程度

企业一定很想知道公众号上的粉丝对企业的依赖程度是多少，其实，这是众多企业管理者和营销者都想知道的答案。在微信营销中，这也恰恰是一个评估方式。而在这里，我们认为：粉丝依赖度=功能受欢迎程度×互动频率×粉丝评价。且看下面这个成功案例：

Sample A：会关心您、给您唱歌的“小飘”

飘柔洗发水在微信公众号上的运营是众多快消品企业的典范，重要的不是飘柔能够给用户带来更多体验，也不是用户能在这里享受到更大优惠。而是用户可以与“小飘”一起聊天，与“小飘”的互动十分融洽。

根据调查，在微信公众号的运营中，飘柔的粉丝对其依赖程度是相当高的。而这种结果的主要原因来自于用户能够在微信平台上与“小飘”一起产生和谐的互动，比如“小飘”可以跟用户聊天、玩游戏、为用户唱歌。

有了这种精神上的满足后，用户自然会对飘柔的微信公众号产生好的评价。而飘柔公众平台的受欢迎程度、粉丝依赖程度也自然就会逐渐上升。

飘柔在其微信平台上还推出了为用户分析星座、运气等一些私密性的活动，这也或多或少地吸引了不少个性粉丝的青睐。

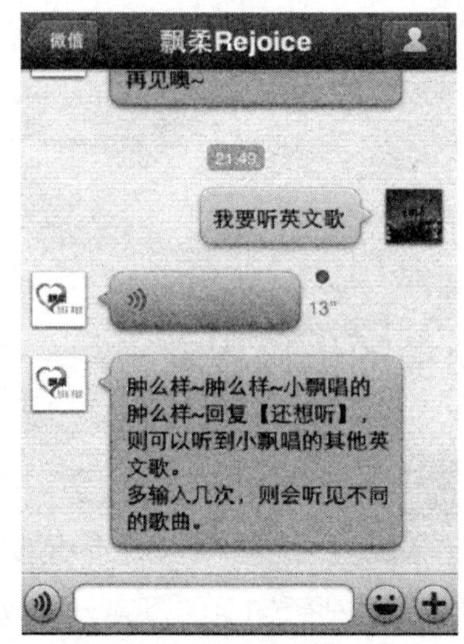

会给您唱歌的飘柔微信平台

案例解析

企业只有与客户产生良好的互动后，才能知道企业公众号上的各种情况，包括粉丝评价、问题反馈等，而这些又决定了粉丝对企业的依赖程度。而粉丝评价是一个企业微信公众号是否受欢迎的最直接体现之一。

很多公司虽然粉丝数量很多，但是由于互动不够频繁，公众平台功能没有设置好，所以粉丝评价也就下降了，粉丝评价下降，粉丝的依赖程度也就越低。

实战建议

既然粉丝依赖程度取决于企业微信受欢迎程度、互动频率及粉丝评价，那么企业就要从这三点来出发，让粉丝依赖于企业。

1. 继续提高企业微信功能

在微信功能的设置上，除了一些基本的功能之外，企业还必须开拓创新，不断研发和设计出一些其他企业所设有的、新鲜的功能模式。比如“今夜酒店特价”微信公众号就推出了各种各样的微信功能，比如帮助用户实现“梦想之旅”，向用户推荐一些周边旅游景区等。

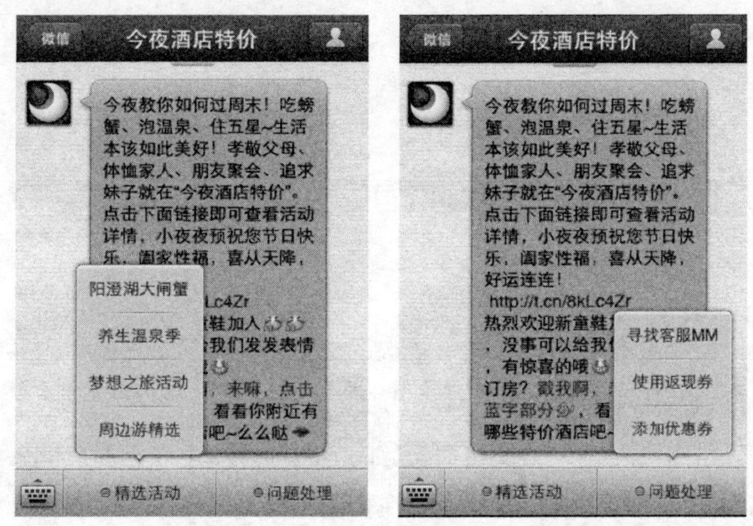

“今夜酒店特价”微信平台推出的多种微信功能

2. 与粉丝进行友好互动

在与粉丝进行互动时，不能进行单纯的互动，还要时刻注重粉丝在互动中表现出来的一些问题和咨询，企业针对这些问题要不断改进和强化，而且还需要用幽默风趣的语言风格来与粉丝进行沟通互动，如此一来，就更能够加强粉丝依赖程度。

3. 做好服务取得良好评价

企业不只是在微信平台上要做好各方面的基础功能，还要做好企业的服务，只有服务到位，才能获得粉丝的良好评价。

查一查微信功能的受欢迎程度

微信公众号的功能是否受粉丝欢迎主要表现在三个方面：内容的部分功能、营销设计功能和一些具体使用功能。

首先是内容功能，主要包括粉丝的需求与企业之间相对应的各种命令端口和内容页面的功能，比如粉丝在页面上输入某些数字，会得到相应的企业介绍、菜单等内容。

营销设计功能是指企业根据自身营销需求而设计的功能，比如一些企业使用脑筋急转弯、笑话等方式来与粉丝进行互动。

使用功能包括企业在微信平台上设立的关于天气查询、列车查询、旅游攻略查询等一系列功能，或是企业自身个性化的一些开发功能。

只有满足了这三点，才能体现出企业微信功能的受欢迎程度。而真正决定企业微信平台功能受欢迎程度的其他两个要素是企业粉丝数量和粉丝评价，公式是这样的：功能受欢迎程度=粉丝数×粉丝评价。

Sample A：飘来文艺之风的服装店

JOEVAN服装店成立于2012年，主要风格是欧美都市复古，而且店里所有服装基本是自家设计、个性化量身定制。因此被很多粉丝称之为“适合心灵着装的服装店”。因为该店主不只是在微信公众号上宣传服装，而且更借用了一些文艺电影、音乐、小说、诗歌来推广宣传自己。

我们在JOEVAN服装店的微信公众平台上不但能够感受到强大的文艺气息，还能够与店主进行对诗的文艺互动，当然也包括查询一些复古文艺音乐专辑、电影明星走红毯等。

正是因为这样的功能设计，JOEVAN的公众号上快速聚集了大量的年轻男女，粉丝数量逐渐增多，而粉丝们对JOEVAN的这种文艺风服装的评价也越来越高，因为粉丝不但拿到了喜欢的衣服，还有一种让自身沾满文艺气息和自信力量的感觉。可以说，JOEVAN的成功来自该企业的创意和丰富多彩的心思。

岁月成就了男人的文艺范

案例解析

从JOEVAN的微信公众号可以看出，微信功能是否受欢迎主要在于粉丝数量和粉丝评价。而这两者又取决于企业能否在公众号上推陈出新，吸引粉丝，赢得好评价，包括在功能设计、产品推广等各方面推出新意。

实战建议

想要知道你的微信公众号的功能是否受欢迎，从下面两处切入就可以一目了然，同时，也可以借此来反省自己是不是没有做到这些。

1. **推陈出新的功能设计是引起客户关注和增加粉丝数量的一大重点**

企业经常抱怨自己公众号上没有粉丝，其实他们该做的不是抱怨，而是要去反省思考为什么没有粉丝，是不是自己在微信公众号上没有做到推陈出新，没有设计出更好的功能，没有推出新的宣传模式。企业意识到这一点之后，再回头去做微信公众号，相信一定会有所收获，获得更多的粉丝数量。

2. **服务到位，才能换来良好评价**

想要让企业的公众号得到粉丝好评，首先就要在企业服务方面做到优等。在互动时要抱着热情的态度与粉丝互动，粉丝查询时要做好贴心提示和服务，平常节假日也要为粉丝送上亲切问候和祝福。只有用温馨的细节服务才能打动粉丝，赢得粉丝好评。

数一数你的粉丝数量

在微信营销中，虽然很多企业都强调要增长粉丝数量，但是我们认为那些简单的数字并不能说明什么，反而会让微信营销变得肤浅，因此，企业不能单纯地追求粉丝数，而是要追求切实的粉丝质量。

而对企业公众号粉丝数量的评估则是基于企业对微信营销功能的使用情况以及企业的文化传播力度。而真正评估企业粉丝数量的因素在于粉丝评价和微信功能受欢迎程度及其推广力度。评估公式如下：粉丝数=粉丝评价×功能受欢迎程度×推广力度。

Sample A：孕妇装“告诉你很多秘密”

奇妮孕妇装是一个资深的孕妇服装品品牌，随着微信营销的逐渐升温，该品牌也建立了微信公众号，而且在微信公众号上的推广也取得了一定成功。据悉，奇妮孕妇装在微信公众号上不但推出了孕妇的各种问题以及穿衣搭配的功能，还用一些趣味性浓厚的标题来告诉用户孕妇育儿的小秘密。

没错，你没有听错。奇妮的微信平台正是挑战了人们对秘密的探究性，尤其是当孕妇在孕育一个生命时的那种好奇和神秘。可以说，奇妮巧妙地抓住了微信粉丝的心理，而这也让奇妮微信公众号的粉丝得到了巨大的升幅。

在奇妮孕妇装的微信公众号上，孕妇妈妈们不但学会了如何变化更时尚，更加有活力，而且还掌握了一些孕育婴儿的技巧和孕妇好奇的小秘密。

在这种推广下，孕妇粉丝们对奇妮孕妇装的好评如热浪般袭来，而且还受到了很多新客户的青睐。奇妮孕妇装微信公众号上的粉丝数量由由原来的几十多人一度达到了上百名。

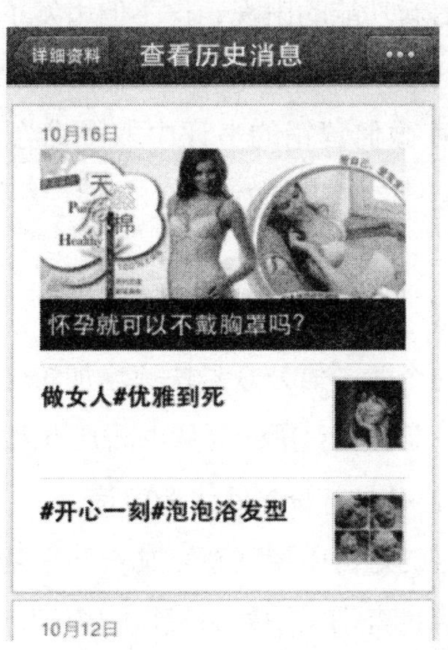

奇妮孕妇装告诉用户的育儿小秘密

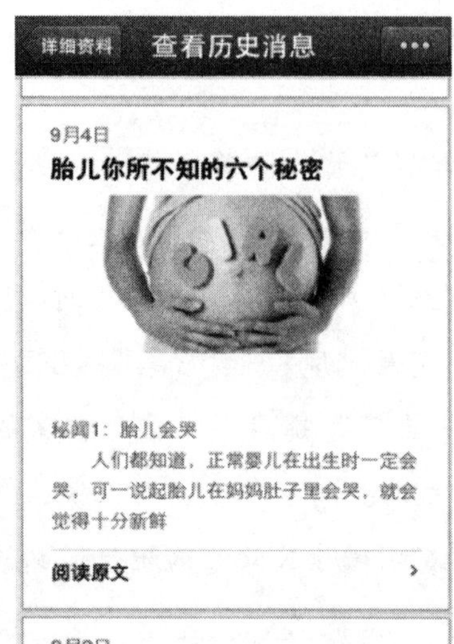

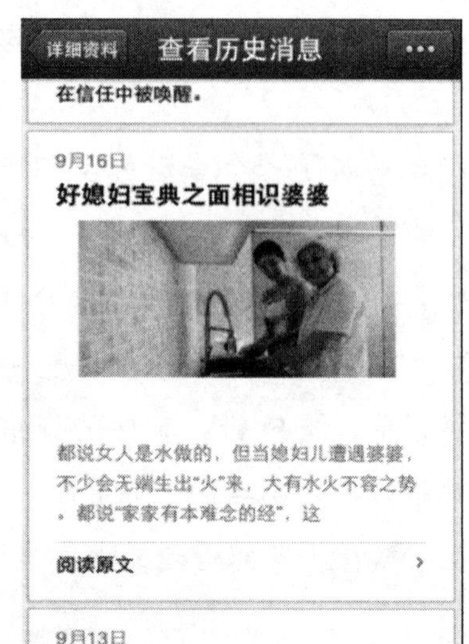

奇妮孕妇装告诉用户的育儿小秘密

案例解析

从奇妮孕妇装这个公众号的成功案例来我们看出，该孕妇装品牌的微信粉丝数之所以能够在短时间内翻了数倍，主要在于该店老板开创了新颖的推广方式和一些微信新功能的出现，这不但引发了粉丝们的好评，还为该店赢得了火暴的人气。

所以，企业想要在微信营销的考评中取得优等，达到满意的粉丝数量，就要像奇妮孕妇装一样，注重微信平台的推广、功能设置等各个方面。

实战建议

如何才能让自己的企业微信公众号快速增加粉丝数量呢？首先，要放平心态，不能一味地寻求粉丝数量，要从下面几点来统筹安排：

1. 增加新的功能，引起新粉丝注意和尝试

企业在微信公众号的运营中要注意增加一些新功能，比如奇妮孕妇装不但开设了孕妇各种症状查询、孕妇服装搭配查询，还设立了孕妇育儿秘密等相关内容。这样不但会引起老客户的尝试，还会引起新粉丝的注意。

2. 创新适用于任何推广

推广微信公众号的过程也是一个吸引新粉丝加入的过程。所以，企业想要提高粉丝数量，就要在推广时多费点心思。比如可以选择有奖竞猜、关注即送优惠等活动，这样就能在一定程度上吸引新粉丝加入。当然，企业不能为了追求粉丝数量而盲目推广，因为一次失败的推广很可能会让你的粉丝一夜之间化为乌有。

看一看粉丝对企业的评价

粉丝对企业的评价恐怕是微信营销中最能体现出企业营销成绩的表现了。企业在微信公众平台上推送的消息、内容以及功能等，粉丝对其是如何评价的，是不是对其感兴趣，是不是让大多数粉丝都依赖……这些对企业微信营销的评估和评测都是极为重要的。

因此，粉丝评价的考评公式是这样的：粉丝评价=功能受欢迎程度×企业自身服务。这说明，企业想要获得高的粉丝评价，就要及时在微信平台的功能上多下工夫，同时也不能忽视企业自身的服务项目。

Sample A：艺龙旅行网

很多喜欢旅行的人都知道艺龙旅行网的微信公众号，这个微信号上的粉丝数量不但多，而且对企业的评价也相当高，曾达到粉丝日互动次数50万次的纪录，赢得了网友们的一致好评。

而艺龙旅行网的微信公众号之所以能够在评估中如此出彩，主要是做到了在微信公众平台上强大的功能设置和强化企业自身的服务。

首先，在功能方面。艺龙旅行网不但在微信页面上设置了订酒店、自助游等子菜单，而且在这些导航的子菜单中还能具体查看到各种小工具，包括查询列车、机票、景点等。让粉丝省时省力，为粉丝提供了一个全能百宝箱。

其次，在企业自身服务方面，艺龙旅行网更是致力于打造一个更加专业、服务性高、让客户物超所值的旅行预订平台。通过网站、24小时预订热线等来为客户提供更优质的服务。

如此一来，粉丝在这里享受到了尊贵待遇，对艺龙旅行网的评价也就十分高，而这也恰恰为艺龙旅行网在微信营销中打好了坚实的基础。

艺龙旅行网的微信公众平台

案例解析

艺龙旅行网的成功案例和高效考评，直接激励着各个做微信营销的企业，想要在微信营销中获得粉丝好评，就要时刻反省自己是不是自己没有做好功课，自己有没有值得粉丝去褒奖的资格和意义。意识到这些问题之后，企业才能够完善各方面功能，提高自身服务，转变粉丝的态度，让粉丝重新“接受”企业。

实战建议

粉丝对企业得评价是整个微信营销考评中最重要的一点，它决定了企业能否通过微信来取得名誉上的好评以及企业文化理念的宣传。想要让粉丝对企业有所好评，具体的做法如下：

1. 企业微信硬件功能要完善

在微信公众平台上，你的企业是不是还没有做到更出色？如果你的企业微信号十分单调，没有目录导航，没有菜单提示，只是一句欢迎语，那粉丝怎么可能会对此做出好评呢？因此，企业必须要完善微信硬件功能，包括一切与企业有关的查询功能、订购功能、人工服务等，这些都将影响到粉丝的评价。

2. 企业软件功能设置要改善

除了企业微信公众平台上的一些功能设置之外，企业本身也需要具有较高水平的服务。这就好比是一个老师，如果你的教学水平、技术再高，但对学生一点也不热情，每天板着面孔，严肃刻板，那么学生也很难对你做出好的评价。因此，企业自身各方面的服务要做到位，只有软硬兼施，才能让粉丝全方位地感到顺心如意，从而对企业做出好的评价。

算一算企业转换率

什么是企业转换率呢？我们可以这样想象：如果企业微信公众号上的粉丝数是1万，但是当企业在推送消息、发送活动时，只有10人去观看、点击、参与，那么这就说明企业转换率很低，也就说明实际的忠实粉丝和真实客户很少。

而在微信营销中，我们认为，企业转换率=粉丝依赖度×粉丝数。也就是说，企业微信营销的转换率取决于公众平台上的粉丝依赖程度和粉丝数量之间的关联情况。

Sample A：“国先森”双十一“脱光攻略”

国美电器在微信公众平台上凭借“双十一”节日进行促销活动，让国美电器在线上和线下的成交率都达到了前所未见的峰值。

国美电器在“双十一”期间，推出了“国先森双十一脱光攻略”的活动，企业不但向用户推出了如何更好地购买到优惠产品的攻略，而且还用搞笑幽默的方式来向用户展示了国美的微信魅力。

在这些活动的推动下，国美在线及国美实体店的营销成绩也创下了新高，国美在线官方网站还推出微信下单获得好礼活动。随着这种线上的推广，国美线上线下的营销成交率不断上涨。

这一活动后，国美微信公众号的粉丝也越来越多，粉丝对企业的依赖程度也有所提高。因此，国美电器的企业转换率自然就很高。

“国先森”双十一“脱光攻略”

案例解析

通过这个案例，我们可以看出国美在转换率方面还是不错的，而且通过为用户策划一些实际有用的活动之后，其粉丝的上升也为国美的转换率提供了一个很大的基数。

企业的粉丝数如果达到了某个高度，而且粉丝对企业的依赖程度也有所提高的话，那么企业的转换率一定也很高。无论是企业通过在微信公众平台上推活动，还是利用一些草根号来宣传企业，都是有效提高企业转换率的方式。企业因此也不能拘泥一格，要充分发挥企业各方面的潜力和宣传力度，吸引更多的粉丝，提高转换率。

实战建议

由此可见，企业在微信营销中只有将转换率提高，才能展现出企业的真实力量。那么，企业该如何提高转换率呢？

1. 推送有特色的消息内容

想要让企业微信公众号聚集粉丝，并且取得粉丝的依赖，就要推送一些有特色的消息内容。而在这里我们要格外提一下，企业转换率的提升过程中最忌讳的就是一成不变、毫无新意的内容推送，而且如果企业每天都推送，那么粉丝会很反感，一定会将你的微信号拉黑，取消关注。理论上说，粉丝在你的微信推送上停留的时间越长，对转化率就越有成效。而那些粉丝看一眼就关掉的企业微信号，还提什么提高转换率？

2. 给粉丝呈现出信任感

互联网是虚拟的，微信在本质上也是虚拟的一种网络通讯工具，因此粉丝在浏览企业微信公众号时，如果感受不到真实、信任感，他们就会很难对企业做出好评，更不会实现由粉丝转换成为真实客户。因此，那些页面简单、缺乏联系方式和真实邮箱的微信页面首先不会让粉丝感到好感。因此，企业必须将微信页面设置得既美观又不失真实感，企业电话、地址、邮箱、最新动态图片等都要在其中一一呈现出来，这样粉丝才能对企业微信产生信任，从而有可能实现转换率的提升。

CHAPTER EIGHT

第八章 <<

各行各业中的微信营销成功典范

在微信营销的大队伍中，各行各业有很多细微的差别，比如，金融行业注重的是微信公众平台的各种功能和业务办理；互联网行业更加注重推广消息的时间、及时程度；酒店行业更注重在线订房、交通攻略等……

本章中，我们将针对各行各业中那些成功的微信营销品牌，穿针引线地引出各行各业在微信营销中应该注重的事情和涉及的问题。希望通过这些成功典范来给即将踏入或已经踏入微信营销的管理者以有效的引导。

餐饮业：一大波僵尸来袭，必胜客欢乐时光

在餐饮业，微信营销是一种十分有效的营销方式，它能够带动周边消费者前来消费，也能让一些新客户对此感兴趣。餐饮业还可以借助节日来进行欢乐促销活动，回馈消费者，在吸金的同时，也为企业做了招牌广告。在这一方面，必胜客就做得很好。

Sample A：去必胜客，边打僵尸边赢取福利

在必胜客的官方微信上，为了吸引更多客户，在2013年万圣节即将到来之际，通过“一大波僵尸来袭”的主题，展开了一次“植物大战僵尸赢取万圣节福袋”的活动。

用户只要在10月27日之前关注必胜客欢乐时光官方微信，就能够参与“一大波僵尸来袭”的活动，通过关注微信官方平台，用户将有机会获得万圣节福袋一份，里面具体有什么，必胜客给客户留了一个关于万圣节的悬念。

而且在这期间，用户到必胜客的店里只需要任意消费，另外再加36元就可以获得一款“植物大战僵尸”的礼品，购买万圣节儿童套餐的用户还可以获得蝙蝠精灵一只。

通过这一“怪异”的活动，将近50万的粉丝在必胜客微信公众号上感受到了万圣节的气氛，而且还因为必胜客微信而收获了好心情。同时，在

这一期间有持续不断的新粉丝因为“一大波僵尸来袭”活动而关注必胜客。

必胜客：大战僵尸赢取万圣节袋

案例解析

其实，通过必胜客欢乐时光的微信活动来看，我们明白了一点：餐饮业需要的就是欢乐、热闹、人气。只有这样做，平台上才会人气火暴，粉丝不断，而那些“沉默寡言”的餐饮业似乎在微信营销中没有可以立足之处。

必胜客采取这种“一大波僵尸来袭”的活动赢得了新老粉丝喜爱，那么餐饮店只要推陈出新，想出一些新的创意点子和活动，必定也能够快速吸引粉丝。这也不由让我们想到2012年同样在餐饮业微信营销中很出彩的星巴克，曾经运用“一对一自然醒”的音乐闹钟方式来唤醒粉丝的活力，让粉丝感受到星巴克的魅力，这一活动也让星巴克在短时间内获得了大量粉丝关注。所以，餐饮业的微信营销之路重点在于灵活多变的活动宣传。

实战建议

通过必胜客的这一活动，我们为餐饮业在微信营销中总结出一点启发：必须要策划一场能吸引客户主动参与的活动，那么具体该如何做呢？

1. 对目标人群进行深入分析，了解其需求

餐饮业通常目标人群比较固定，就是周边数公里或公司附近一带的人群。因此，企业必须要想好吸引客户的招术。这就需要对目标人群进行深入分析，包括分析目标人群的文化层次、素养、生活环境、经济水平等。只有了解这些，才能把控好目标人群的需求，从而策划出让消费者动心的活动。

2. 节日是餐饮业最好的外在宣传条件

像必胜客这样借助万圣节在微信上推送消息，不但吸引客户参与关注，还为企业做了良好的广告。比如在2013年万圣节期间，比格披萨店推出的“万圣狂欢DIY披萨”的活动。

2013年万圣节，比格披萨店推出“万圣狂欢夜”

这个有趣额节日让用户感受到不一样的体验，同时也提高了比格的知名度。比格微信在万圣节过后，其关注度、粉丝数量也得到了很大提高。在节日期间，餐饮业一定要打出节日氛围，借助节日来进行促销、优惠来搞活动，这样目标人群才不会流失。

金融业：招商银行信用卡“微服务”领跑

招商银行是金融行业中微信营销最成功的典范之一。最先让用户接受的是招商银行曾经在“漂流瓶”的环节内设置了“爱心漂流瓶”环节，这种方式不但获得了大量粉丝数量，而且也为招商银行打下了一个很好的招牌广告。而如今，我们在招行的微信公众号页面上能够享受到一些VIP待遇，比如信用卡服务，一卡通服务等。

Sample A：多功能的招商微信银行

在招商银行的微信页面上，我们可以看到一个十分便捷的导航网站，在这里，无论是一卡通还是信用卡都能快速打开，并且实现各种功能。

我们点击“信用卡”中的“快速还款”，根据提示填写银行卡和相关证件号，就可以登陆页面进行快速还款，其方法不但便捷而且招行还为我们做好了极佳的保密措施。

当然，办卡、查询订单、缴费等一切在银行柜台办理的业务基本上都能在微信平台上办理，很多粉丝将招行的这种服务称之为“微服务”。这种微服务的确在金融行业中起到了领跑作用，为更多金融行业在微信营销方面提供了引导。

功能丰富的招商银行微信页面

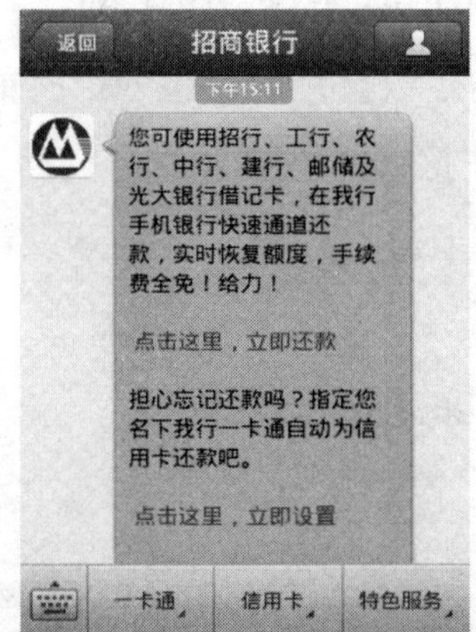

招商银行信用卡快速还款主页

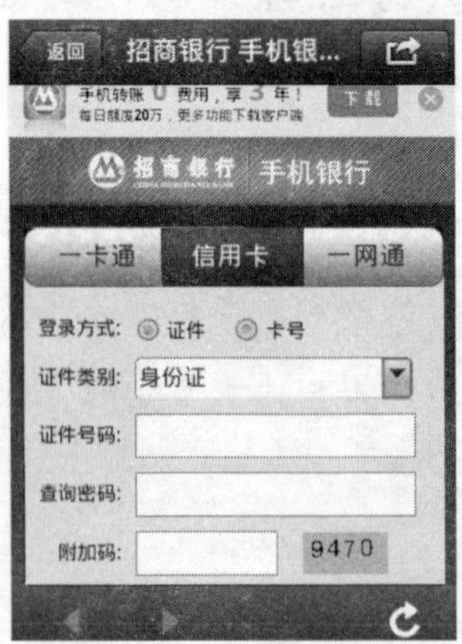

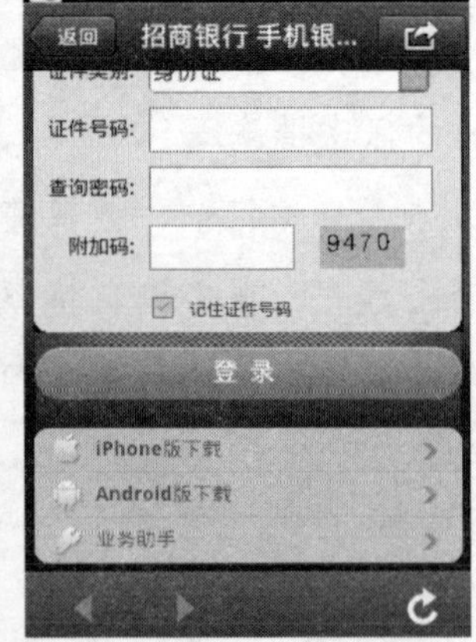

招商银行信用卡快速还款页面

案例解析

从招商银行的微信营销中我们看到，金融行业想要在微信营销大军中赢得一席之地，最重要的就是在功能服务实现方面必须为用户提供系统、完整的服务，让用户足不出门就可以办理金融业务。

招商银行首先在微信平台上打通了与招商银行信用卡、一卡通等程序，实现了电话银行的一些功能，并且还在公众号上为用户提供更多的金融信息和服务，包括绑定银行卡、证件、缴费等功能。犹如一个简单的机器人在为用户实行周到的金融服务。

实战建议

招商银行的这种“微服务”为更多金融行业开了一个好头，起到了领跑作用。对那些电信行业、金融股票行业等都是一个参照。而且这种在微信上为用户服务的魔术，不但成本低，而且回报很高。而由于金融行业都很在乎企业形象、声誉、诚信，因此微信在这方面的开辟也能很好地为企业塑造一个良好形象。那么金融行业具体应该怎样来吸引客户呢？

1. 实现全方面的金融服务

金融行业如果要在微信上取得成功，首先就要实现全方面的金融服务。不管你是银行，还是投资公司，都应该要打通各方面的电脑程序、接口，来嵌入相关服务，这样才能为用户带去不同体验，让客户更加便捷操作。

2. 配备金融业务人工客服在微信上与客户互动

很多金融行业以为在微信上只要设置自定义回复就可以应对客户的疑难问题，但是有些客户会有不同的疑问，如果企业不能及时回复，那么很容易让用户反感，进而取消关注。所以，企业要配备人工服务，积极解决客户的疑问。这样，还能够体现出企业的人性化服务，为企业形象更是递增一截。

3. 搭配更适合手机浏览的HTML5技术搭建

金融行业由于涉及到一些具体的数据操作，所以企业务必要将微信活动用HTML5技术搭建，这样更方便用户浏览，为用户提供接近完美的体验。

互联网行业：爱范儿带来的爆炸式微信传播

作为一个发现创新价值的科技媒体，爱范儿不但走上了世界舞台，更是走进了每个手机用户的心中。特别是在微信营销盛行以来，爱范儿的粉丝数量骤然大增，而由爱范儿传播的消息也被爆炸式的传播。

显然，爱范儿做到了互联网行业在微信营销中的佼佼者。下面我们来看一下，爱范儿给我们带来的微信体验：

Sample A：话题符合各种口味儿的爱范儿

所有关于高科技、数码媒体等的资讯，包括第一手的网络信息，几乎都能在爱范儿中看到。而且爱范儿每天都会为我们及时送上最新科技内幕和消息。

在微信公众号上，爱范儿每天为用户送上最新的科技信息。不止如此，我们从这些信息中，还发现有这样一个问题：问句很多。注意，在爱范儿这里，这并不是问题，而是吸引用户来读下去、让用户继续关注的一个引子。

可以说，爱范儿很会制造话题，针对不同时间、当下热议的最新科技产品，以此来制造出具有很大噱头的话题吸引用户继续点击阅读。而用户在看了之后，也必定能从中得到一些收获。试想一下，如果爱范儿在推送消息中，平淡无味，只是发出一个严肃刻板的标题，那么其阅读人数会发生改变吗？其信息传播力度会下降吗？当然会。而善于运用疑问句，抛出问题吸引用户阅读，是爱范儿成功的一大重要原因。

爱范儿每天向客户发送最新科技信息

案例解析

爱范儿的成功经验，告诉互联网行业的企业家们，想要让你的微信有更多人阅读，不只需要做好内部功能设置，发送消息及时，还需要有一个劲爆话题，吸引客户去阅读。

当然了，爱范儿并不能代表所有互联网企业的微信营销，但是却为我们传递了一个信息：互联网行业需要新鲜资讯和一手资料，紧跟当下时尚话题。这样才能够让用户感受到新鲜体验，收获多多，从而对企业微信账号爱不释手。

实战建议

爱范儿带来的爆炸式微信传播，如果能够引起你的兴趣，那么接下来我们就要详细地了解一下，互联网企业该如何才能在微信营销中抓眼球，吸引粉丝？

1. 消息发送要及时

作为互联网行业，很多消息都是变化飞快，也许今天的消息在明天看来就是一句废话。所以互联网行业在微信上推送消息时一定要及时，在时间上要把握好。这一点，爱范儿就表现得很好，选择在每天8点左右就向用户发送，让用户在第一时间接收到一天中最新的科技网络消息。

2. 话题要加点料，多点悬念，吸引用户点击

互联网行业在向粉丝推送消息时，一定要注意选择和策划一个有趣的话题。最好是给话题加点料，比如爱范儿曾经发送的一条信息：

爱范儿利用悬念吸引用户

当然，也可以像爱范儿那样运用一些疑问句，来给读者增加点悬念，吸引用户点击阅读。

3. 图文并茂，打造全新视觉效果

互联网企业在给粉丝推送消息时，除了要选择劲爆话题之外，还需要在策划时，采用图文并茂的方式吸引用户去体验。当然，恰当的时候，也可以选择语音、视频等方式。只有打造出一个刺激的视觉效果，才能吸引用户关注。

电商业：1号店幽默互动，亲情奉献

电商行业在微信营销中所占的比例很大，包括天猫、淘宝、唯品会、京东、1号店等企业，这些行业都有大量粉丝，但无论哪个电商，他们都有一个共同点：服务态度好。而在1号店的微信公众号中，我们看到的是1哥的幽默风趣，以及与客户之间的互动，这种亲情奉献精神着实为1号店增加了不少人气。

Sample A：风趣爱搞怪的1号店

打开1号店的微信公众号，首先映入眼帘的就是一种风趣幽默的搞怪模式。我们以2013年10月21日，1号店发送了这样一个消息：1掌柜要和大家做朋友。在这个消息中，我们看到的是1号店的网络搞笑和搞怪模式。并且一句“要和大家做朋友”充分表达出1号店的平民化和亲切互动的愿望。

而用这种搞笑图片、搞怪风趣语言来向用户发送消息的方式，1号店经常使用，效果颇佳。

无论是图片选择还是语言风格，1号店给用户展示出的是一个又一个的幽默风格。而正是这种幽默风格，才让很多用户动心，从而关注一号店。而在这种幽默风趣的态度下，1号店也没有忘记自己的本分：网购，于是采用了“搜一搜”来引导客户去搜索产品，突出1号店物美价廉的特点。

显然，1号店的产品不但种类丰富，而且物美价廉，这些优质特点都是1号店的精华所在。当客户看到如此廉价的商品时，又怎能不动心呢！

1号店微信公众号的风趣搞怪风格

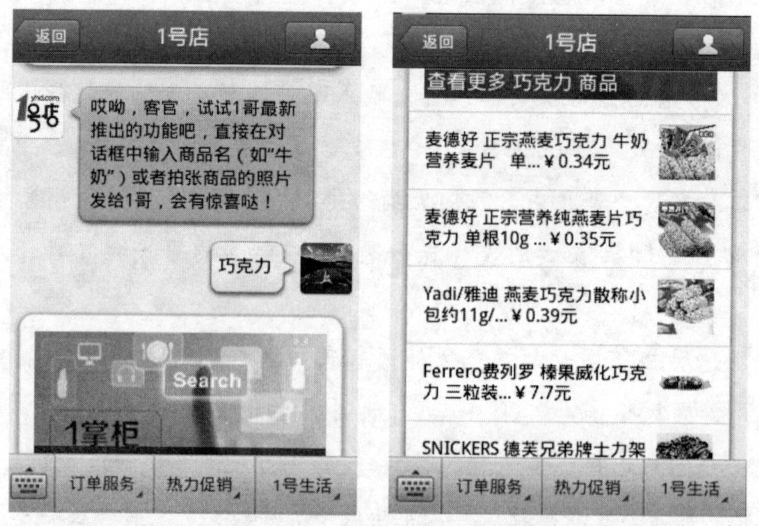

风趣搞怪的1号店从未忘记传递物美价廉的信息

案例解析

从上述1号店的这个案例中，我们看出，1号店其实作为电商行业，很懂得创新和灵活发展。比如搜一搜。是1号店首次推出的一种功能，可以让用户直接在微信上输入想要搜索的产品名称，比如牛奶，饼干，巧克力等，那么1号店就会随之发来与该产品相关的所有产品。不但出现诱人的价格，还出现精美图片，让用户看到之后为之动心。

而且1号店的幽默风趣也表现在各个方面，比如图片的搞怪、语言的风趣，这些互动模式都让用户产生了好感。而这不由得让我们想起，先前1号店曾经推出“我画你猜”的活动，用户只需要关注1号店的微信公众号，那么1号店每天就会推送一张图片给用户。随后用户可以发送答案来参与这个小游戏之中，如果猜中图片答案，就能够获得一定的奖品。

显然这样的活动，不但引发了用户积极参与，而且这种方式也是1号店独特的宣传方式。所以，电商行业需要创新灵活的思路，才能打开用户的消费之心。

实战建议

1号店的这种成功运营模式，也让我们想到了唯品会、凡客诚品等微信运营。这些电商网站依然是服务首先，态度至上，不但互动频繁，而且幽默风趣，时刻有一种奉献精神。那么，想要在电商行业中开辟微信营销的企业应该具体怎么做呢？

1. 语言幽默风趣，才能引起客户注意

电商网站想要吸引用户，不能只依靠华丽的商品，完美的微信页面，还需要在与用户互动，或者推送消息时，语言风趣幽默。甚至要结合当下网络图片、用语来激发用户活跃的心，让用户感兴趣。

2. 及时发送产品信息

电商网站，顾名思义就是依靠网络来卖东西，那么只有让用户时刻看到产品，才能有所选择。所以企业在微信公众号上更新消息要及时，及时发送产品信息。当然这包括产品价格、图片、折扣，这些都能引起用户的注意。

3. 服务一流

这里所说的服务主要是指两方面，一来是电商业要在微信公众页面上的功能设置一流，比如1号店，就设置了订单查询、物流查询、搜索产品、每日优惠、热力促销、团购等功能，这样可以更加快速方便用户选购和关注。而在另一方面，电商行业也要做好售后服务、人工回复等服务。

传媒业：《外滩画报》时尚资讯抢先看

作为传媒业，尤其是杂志媒介，其实不只是依靠纸质杂志来赢得市场，还需要借助网络平台来营销。而像《外滩画报》这样的杂志不但要面对网络的冲击，还要及时跟上营销步伐，才能不落后。而《外滩画报》之所以能够在众多传媒业屹立不倒的主要原因就是善于运用最新网络营销，而微信营销正是其中一种。

在《外滩画报》的微信公众号中，它是怎样做到屹立不倒的呢？有人说，是依靠《外滩画报》的品牌效应，也有人说是依靠华美的视觉感觉，其实这两者都有，但是真正让《外滩画报》微信公众号得到大家关注和吸引的却是对时尚资讯的抢先观看：

Sample A：高端大气上档次的《外滩画报》

关注《外滩画报》微信公众号的用户都知道，每天都会收到来自《外滩画报》推送的消息。甚至有人说，有了《外滩画报》微信公众号，就等于有了一本时尚杂志，显然《外滩画报》微信号已经为用户送去了更多最新的时尚新闻话题。

所以，我们可以这样说，《外滩画报》微信营销的成功点在于：时尚资讯抢先看。众所周知，《外滩画报》是一本综合性的时尚杂志，服装、音乐、电影、科技、艺术、生活等，这些它都包含在内，因此我们认为《外滩画报》微信公众号如同几个杂志的整合，读者接收到的信息也就更多更全面。

而且《外滩画报》还有一个特点：发送消息及时，一些时尚话题都能在第一时间向用户推送，而且标题清晰，让用户一目了然。

另外，《外滩画报》还采用图文并茂的方式，色彩鲜艳，给用户呈现出一个又一个的视觉冲击。同时，《外滩画报》还善于运用明星图片来发送消息。这样一来，也在很多程度上吸引了客户参与，也能“诱导”客户去购买。

标题清晰、一目了然的《外滩画报》微信公众号

案例解析

《外滩画报》的微信营销之所以成功，主要就在于它能够让用户将时尚资讯抢先看，为用户打造一个综合性强，充满艺术气息的杂志。《外滩画报》在微信营销中，还多多推送了一些关于艺术的话题。这样不但可以给平淡的微信用户带来艺术陶冶，还能够激发用户的艺术细胞，让用户的灵魂活跃跳动起来。

此外，图文并茂、色彩鲜艳的宣传方式着实是让很多用户为之震撼。而且运用大牌明星作为噱头、图片标题的方式也进一步为《外滩画报》打造了一个大牌杂志的风范。大气简约的方式让用户更是难以抗拒。能够拥有这样一份时尚、潮流、艺术、大气的杂志，甚至成为了每个人身份、品位的象徵。而这似乎正是《外滩画报》微信公众号给用户传达出的一种引导。

实战建议

作为一家综合性的杂志，《外滩画报》不但给了众多传媒业一个指引，更是为传媒业者开辟了在微信营销中的希望之路。所以，传媒企业一定要学习《外滩画报》的这种微信营销模式：

1. **时尚资讯抢先看**

作为传媒业，如果不能给用户带去最新、最时尚的资讯，那么它就根本不适合做传媒业。所以，抢先将内容通过微信推送消息的方式给用户发去，不但会让客户感受到企业的魅力，更是让用户对企业形成一种依赖性，这样就能更加长久关注该传媒业，进而会购买该传媒杂志。

2. **图文并茂，彰显大气风范**

《外滩画报》善于运用图文并茂的方式来向用户推送一个又一个大气的消息。这就要求，企业在选择图片时，要慎重考虑，每条信息中的一些小信息在画面上要统一，处处彰显出设计感，才能彰显出国际大牌的媒体风范。

3. 给主题加点料

传媒业想要让粉丝对你在微信上推送的消息感兴趣，并且持续关注，就必须要给主题加点料。比如可以夸张渲染主题，突出某种怪异词语，或者运用网络话语来爆料出主题。这样都能引起用户注意，比如《外滩画报》曾在微信上推出这样的消息：

运用了最新好莱坞电影《金刚狼》来制造话题，而《外滩画报》正是采访了其主演休·杰克曼之后，关于他的生活、电影、家庭的内容进行了整合。因此运用这样“卸下狼爪”的话题，一定能够引起众多粉丝的青睐。

此外，《外滩画报》还曾报道过法国著名设计师“老佛爷”卡尔·拉格菲尔德在北京西单北大街的新店开幕的消息。当时在微信上引用的话题是：

休·杰克曼：该卸下“狼爪”了

怪异词语吸引粉丝注意力

《外滩画报》报道法国设计师在北京西单北大街开店的消息

显然，这不但给这个主题加了一点重料，更是吸引了众多喜欢时尚服装的用户的青睐。

酒店：布丁酒店联手微信跨界合作，首推订房功能

布丁酒店是酒店企业中的后起之秀，但是却在营销方面取得了不俗成绩。布丁酒店主要的特点是时尚、艺术、环保、自助、低价，显然这样一个新概念的酒店，在营销方面也必定有它独特的方式。没错，布丁酒店很注重微信营销。

布丁酒店凭借对互联网敏锐的触觉，在微信营销方面开创了独特模式。因为布丁酒店是全球第一家实现在线直接连接微信来订房的酒店，截至到2013年10月份，布丁酒店微信公众号上的会员已经达到了58万。而且，布丁酒店通过微信订单占总订单的15%。说完了这些，相信很多人都想来具体看一下布丁酒店在微信营销方面的一些优特之处：

Sample A：酒店中的时尚一族——布丁酒店

首先，在布丁酒店的微信公众号页面上，它实现了个性化的菜单顶置，在底部，我们可以看到“我的布丁”、“酒店预订”、“布丁活动”三个板块。这比原来用户主动发起对话的互动有了很大进步。

而且，布丁酒店的微信客户端，不再只是有消息推送和回复，更是让布丁酒店瞬间成为了一个便捷轻量的APP。以前用户需要到会员卡特权里寻找订房功能，而如今只需要在底部的“酒店预订”中，就可以轻松实现酒店预订。这大大缩减了用户订房的时间和流程。

在此，我们按照微信程序来进行一次在线订房示范：

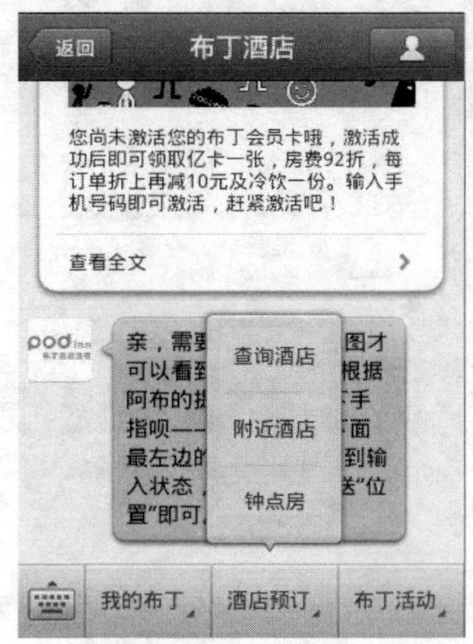

布丁酒店的“酒店预订”页面

点击“查询酒店”，然后找到相关酒店位置：

查找布丁酒店的地理位置

布丁酒店相关房型的介绍

在此，我们可以看出，在预订酒店的页面中，布丁为我们呈现出每家店面的详细地址以及介绍，这就为用户提供了一个参考。而且在这个页面中，布丁还呈现出了门店基本的照片、价格、地址、电话、特享优惠、交通等信息。不但为用户提供更全面的引导，还节省了用户的大把时间。

案例解析

布丁酒店的这种微信营销模式不但开创了酒店的订购方式，还为更多酒店管理者带来了启发，让酒店行业在微信营销中有了一个参照。试想，如果我们能够在微信上，实现订房、查询交通、旅行路线，那么这不但是为我们节省时间，更是让我们对该酒店有一个很好的印象，这在很大程度上也为酒店做了广告。根据调查，每10人通过微信预订布丁酒店的客户中，就有3人会对布丁微信公众号转发和分享，这在极大程度上为布丁做了一个颇有成效的广告宣传。

因此，从这方面来讲，布丁酒店在营销和宣传两方面都不误。而我们从布丁这个酒店中的后起之秀还可以看出，想要后来居上，必须要发动脑筋，在营销方面积极利用网络平台，与微信合作，成为某个方面、功能的开拓者，这样才能在营销方面取得佳绩。

实战建议

布丁酒店的微信营销思路或许已经启发了每个做酒店的管理者，当然，如今随着微信营销的普及，很多酒店、旅行网都开设了这种在线预订酒店的功能，但不得不说，布丁酒店是开创了这样的先河。根据布丁酒店的成功微信营销，我们得出，酒店想要在微信营销中成功，需要做到以下几点：

1. 创新开辟新服务

布丁酒店率先打开了微信在线订房功能，这说明，酒店需要在为消费者服务方面更加需要创新精神。而这种准备不是企业想想就可以的，而是需要酒店营销者去发散思维，多加了解客户需求，调研客户入住，才能想得更全面，也才能开辟出新的服务功能。

2. 开展预订房间之外的延伸服务

酒店企业想要在微信营销中取得成功，必须要在预订酒店方面为用户提供更加便捷的服务，这样才能让客户对你产生好印象。在客户入住舒心的情况下，还会为企业做好宣传。另外，还要延伸其他功能，比如交通乘车路线、地图、旅行景点、度假、美食等服务，这些都要完善，才能打动客户。

所以，如果酒店企业在微信营销中，只是停留在可以酒店预订，那么你就OUT了。要像布丁酒店这样，不但通过与腾讯微信跨界合作，而且还将各种服务延伸到了与酒店相关的方面。显然，布丁酒店已经将一个完善的酒店微信营销模式呈现了出来。

制造业：凯迪拉克车型随身带

凯迪拉克作为汽车制造行业，在微信营销中的所作所为也令很多制造业的营销者们为之羡慕。凯迪拉克在微信营销中，率先开拓了官方微信的豪华汽车品牌，而且在运营中，还通过公众平台来与用户进行互动，推送消息。将信息快速传递给用户。此外，凯迪拉克还充分将主打车型进行了一个完美设置，利用底部的自定义菜单功能来为用户形成了一个自助式的信息平台，让用户可以讲凯迪拉克的车型随身携带。

Sample A：凯迪拉克——让你手动之中体验豪车魅力

2013年，凯迪拉克在微信上主打的车型有两款，一款是ATS,另一款是XTS。而针对这两款车型，凯迪拉克在微信上都有所体现，通过各种方式来让用户更新鲜地体验到新款车的各种性能和魅力。首先凯迪拉克采用ATS来进行各大国家、城市的巡游方式，来传递爱心，挑战极限。

而且，凯迪拉克的ATS车型每到一个城市，凯迪拉克都会用公众号向粉丝推送消息，让用户能够在第一时间获得这个信息。而且凯迪拉克ATS所到之处都是世界极具汽车驾驶挑战的地方，这也说明凯迪拉克向粉丝呈现的是一种挑战极限的突破精神。

凯迪拉克通过图文并茂的方式，向用户展示了各个城市的风光和凯迪拉克的极限挑战。对消费者来说不但是一种感官上的刺激，更是对凯迪拉克的一种向往之情。

此外，对XTS车型的宣传，凯迪拉克更是发挥了其创新理念，在微信上推出了“创新体验”功能。凯迪拉克以一种新媒介方式来与消费者取得互动和沟通。因为此次凯迪拉克不是简单的推送消息，而是将车型亮点全部展现出来，还让用户采用最简单的触动手机方式来切身感受和体验凯迪拉克XTS的性能和创新科技的魅力。

这也恰恰验证了凯迪拉克的“从指尖到无处不在的创新科技”这句话，而且凯迪拉克还同步推出“产品手册”、“配置参数”等内容。另外，用户还可以通过微信报名参与真实的试车体验。

凯迪拉克微信公众号力推的ATS车型

凯迪拉克微信公众号力推的XTS车型

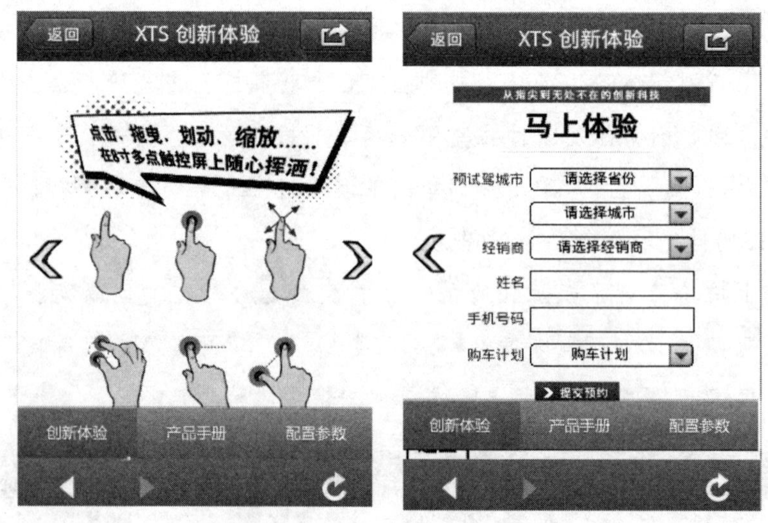

凯迪拉克微信公众号力推的XTS车型

案例解析

凯迪拉克推出这种新媒介方式，其实并不需要相应的端口开发，这就等于抛开了繁琐的过程。而对于用户来说，也容易操作，只需要用指尖轻轻触及，就可以体验产品或者查看产品信息。

因此，凯迪拉克在微信上真正做到了让用户将产品消息随身携带。这个想法真的很不错，利用凯迪拉克的品牌名气，不但更好地宣传了企业，还加固了目标消费者对产品的深入了解。

实战建议

敢于打破常规，积极开拓创新的凯迪拉克在微信营销方面取得的成绩非同一般，凯迪拉克不但运用微信来营销产品，还为品牌建立了良好形象。因此，这些都是非常值得各大制造业管理者的学习。而具体的做法应当如下：

1. 开拓创新，让用户切身体验产品

在制造业中，想要让微信用户长期关注企业，那么就要做好微信公众号各种功能设置。首先要打破常规，开拓创新，只有这样才能想出更适合粉丝需求的服务和功能。比如凯迪拉克这样运用指尖触动来体验车型的方式，就很好的打破了常规体验方式，将粉丝引领到了一个新的起点上去。

2. 产品信息，款型要让用户随身携带

凯迪拉克在微信公众号的底部为用户呈现出了一个“品牌车型”功能，用户只要点击这里，就能查看到凯迪拉克的各种车型。而这相当于让用户将车型随身带。其实，作为制造业，只有让用户掌握你的产品款型、种类，才能对某款产品产生兴趣，从而关注、购买。反之，没有向用户呈现产品的制造业，在微信营销中也将没有任何话语权。

本地服务业：将传统营销和微信营销相结合

作为本地服务行业来说，很多行业也都将营销的侧重点放在了微信营销之上，因为一些KTV、美容美发店、餐饮店、洗衣店等都通过微信营销来获得了佳绩。由于本地服务行业的目标人群相对稳定，所以，在微信运营方面需要做的就是维护老客户，宣传企业服务理念。比如下面这家美容美发店的微信营销就很值得推荐：

Sample A：一家美发店微信的成功计划书

优尼联邦美发沙龙是位于西安市的繁一家本土美发店。该店自从开启了微信营销之后，其生意越来越好。首先该店在微信公众号上开启了会员制度，由此会员管理在微信公众平台上就显得更加容易方便。

优尼联邦会定期向客户推送促销、套餐、新发型设计、公开发型设计师的照片等消息，再也不需要通过手机短息、电话等方式来通知客户（电话、短信通知往往还会让客户反感）。

该美容店还根据大多数女粉丝要求，设置了一名人工微信专员。主要是通过微信公众平台来进行人工回复，帮助用户解决一些问题。由于粉丝数量稳定，所以只要维护好这些老客户，那么营销也就能变得顺利起来。

此外，优尼联邦美发店还会根据前来消费的顾客心理，来进行分享有好礼的活动。比如让用户转发一些优尼联邦店公众号上的信息，就能获得一定优惠或者服务。再者，还可以允许微信会员免费带领一名顾客前来消费，那么这就很大程度上开拓了新客户加入。

当然，优尼联邦还会在微信公众号上定期向用户推送一些关于头发、皮肤、身材的保养妙招，让用户更加依赖该公众号。该店甚至将公众号的二维码放在了前台的宣传栏、美容美发的镜子等地方。

因此，可以说优尼联邦美发店很好地将传统营销和微信营销结合在了一起，为营销起到了助航作用。

优尼联邦美发沙龙在微信公众号开启了会员制度

优尼联邦会定期向客户推送发型设计师的照片

优尼联邦美发店推送活动信息

案例解析

通过西安市这家本土美容美发店的微信营销案例来看，作为本地服务行业，必须要在传统营销的基础上，将微信营销更好地结合起来，让用户感受到不同的体验。本地行业更大的工作不是对公众号各方面功能的研发，而是对老客户的维护，因此，要尽可能地为老客户送去惊喜和优惠。

所以，本地服务行业的微信公众平台更应该是维护和服务老客户的一个营销平台，需要传统和现代相结合才能让客户形成依赖。

实战建议

虽然本地服务行业最重要的是要维护老客户，但是对微信公众号的运营和宣传也需要一定的技巧才可入胜：

1. 传统营销和微信营销完美结合

在本地服务行业中，虽然要重视微信营销，但也不能放弃最主要的传统营销方式，而将两者结合才是完美的营销。比如北京佰乐迪KTV推出，只要关注微信公众号，就可以获得该KTV的会员卡，享受尊贵待遇：免费唱歌一小时、专享8.5折等。

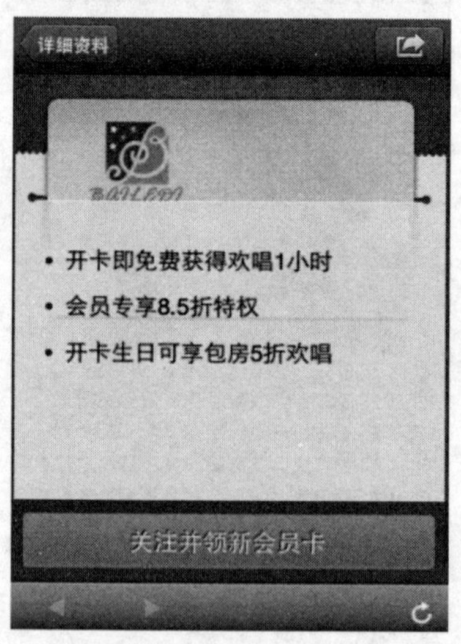

北京佰乐迪KTV关注有礼

这样既通过传统促销来赢得了客户流量，又通过这一点来增加了微信粉丝，可谓是一举两得。

2. **突出人性化服务**

在本地服务行业中，最重要的就是“服务”二字，因此企业要不断突出人性化服务。比如在公众平台上尽量用人工回复来代替自定义回复。

3. **重视二维码宣传**

本地服务行业想要在微信公众号上获得粉丝，就需要各方面大力宣传，而二维码宣传则是最重要的一种方式。企业可以在用户所有能够看得到的地方都要打上显眼的二维码图像。